中国体育学文库

｜体育人文社会学｜

中国轮椅冰壶队备战
平昌冬残奥会运动心理服务纪实

徐守森　著

北京体育大学出版社

策划编辑 吴 珂
责任编辑 吴 珂
责任校对 田 露
版式设计 张彩霞

图书在版编目（CIP）数据

中国轮椅冰壶队备战平昌冬残奥会运动心理服务纪实/
徐守森著 . --北京：北京体育大学出版社，2022.3
ISBN 978-7-5644-3309-3

Ⅰ.①中… Ⅱ.①徐… Ⅲ.①世界残疾人运动会-冰
球运动-运动员-心理咨询-咨询服务-研究-中国
Ⅳ.①G862.6②G804.87

中国版本图书馆 CIP 数据核字（2021）第 224288 号

**中国轮椅冰壶队备战平昌冬残奥会运动心理
服务纪实**
徐守森 著
ZHONGGUO LUNYI BINGHUDUI BEIZHAN PINGCHANG DONG CAN'AOHUI
YUNDONG XINLI FUWU JISHI

出版发行：北京体育大学出版社
地 址：北京市海淀区农大南路 1 号院 2 号楼 2 层办公 B-212
邮 编：100084
网 址：http：//cbs.bsu.edu.cn
发 行 部：010-62989320
邮 购 部：北京体育大学出版社读者服务部 010-62989432
印 刷：北京昌联印刷有限公司
开 本：710mm×1000mm 1/16
成品尺寸：170mm×240mm
印 张：15
字 数：178 千字
版 次：2022 年 3 月第 1 版
印 次：2022 年 3 月第 1 次印刷
定 价：95.00 元

序言一

2018年平昌第12届冬残奥会上，中国轮椅冰壶队实现冬残奥会金牌零的突破，给国人带来极大欣喜和永远难忘的记忆！这是在中国残疾人体育运动管理中心领导下，轮椅冰壶队全体教练员和运动员艰苦训练、不懈奋斗取得的辉煌战果，其中，也包含着中国残疾人体育运动管理中心所管辖的运动心理服务课题组所做出的重要贡献。

为总结经验、启示未来，课题组长、首都体育学院运动心理学副教授徐守森老师，将他和他的研究生所做的心理服务工作，做了纪实性的归纳和分析，相信它必会为下队服务和将要下队的心理学工作者提供很高的参考价值。

他们的工作过程是：长期持续驻队近80天（153人次），深入了解轮椅冰壶项目规则和技战术特点，熟悉队伍人员组成情况、团队文化及运动员个人特点，在此基础上，创造性地开展工作。如开展半结构式访谈，了解教练员和运动员的需求，从而建立合作关系；进行心理测验，建立运动员心理档案；为队伍提供建议和决策性参考；为提升队伍竞技心理素质，针对赛前存在的心理问题，举办六次心理教育讲座（包括压力管理、放松训练、注意管理、团队建设、人际沟通和积极心态），所有讲座均以圣雄甘地的名言作为警示和激励，给运动员注入活力，指明前进方向；为解决运动员个体的心理困惑，用大量时间与精力，提供了一对一的心理咨询与辅导，既对入选运动员进行心理建设，提高其竞技心理能力、提升精神境界，又对落选运动员进行心理抚慰和指明前行的奋斗道路，更与教练员亲密接触，促膝谈心，给予心理辅导、支持与启示；为适应奥运会激烈竞争、发挥团队作战能力的需要，从增强队伍凝聚力的角度，在进行团队建设的基础上，组织了团队建设活动，随之组织了团队建设座谈，使团队凝聚力得到有效加强；为适应大赛需要，提高运动员的抗应激能力，更在下队两个多月的时间里，不间断地组织运动员进行以提高放松和专注能力为主的心理技能训练。比赛临近，为做好全面的心理准备，充分应对可能发生的各种情况和场景，在与教练员和运动员充分酝酿和讨论的基础上，课题组编撰形成了包括93个题目的比赛心理手册，并在队伍出发前以电子版形式发到教练员、运动员的手机上，成为助赛的有力工具。

通读徐守森老师所著的《中国轮椅冰壶队备战平昌冬残奥会运动心理服务纪实》，不难看出，这是心理工作者对轮椅冰壶项目参加奥运会所做的系统、连续、完整、科学、实用的心理服务工作，值得借鉴和推广。然而，作为近三十年下国家队为运动员参加国际比赛，特别是为运动员参加奥运会做心理支持工作的心理学老师，我深知下队工作的艰难。因为比赛结果与国家荣誉相连，任务重于泰山，必须果敢前行。徐守森老师和他的课题组，正是抱定"壁立千仞，无欲则刚"的决心，不存私念，全力融入，孜孜以求，掌握轮椅冰壶的项目特点和比赛规则，并努力将心理学知识与项目需要挂钩。如将认知行为疗法的典型代表——接纳与承诺疗法的理念和正念训练方法融进心理教育讲座和心理技能训练，变成教练员、运动员听得懂、对上号、用得上的心理财富。他们绞尽脑汁、费尽心思地将理论与实际相结合的过程，正是课题创新的过程。而为了成为运动员的挚友，建立良好的咨访关系，他们更做到了与运动员亲密接触、真诚相待。无论对入选者还是落选者，他们都能一视同仁、心理换位、认真倾听，每次的交流都能做到剥茧抽丝、不厌其烦、凝神结思、倾力相助，使多数运动员能够清除杂念，豁然开朗。他们不仅成了运动员的知心朋友，更成了队里的一员和教练员的助手；他们多次参加队里的各种会议，和教练员反复沟通，不断提出建设性意见，把心理学知识注入队伍的管理工作中，得到领导的信任和器重，受到队伍的表扬。可见，这一过程也正是心理专业工作者殚精竭虑、艰难攀登、不断成长、不断收获的过程！

当然，不能否认的是，徐守森老师和他的课题组所做的工作是初次试水，由于时间较短，经验不足，还有许多工作做得不够深入。如心理技能训练如何坚持，如何形成运动员心技结合的动作定型，对队伍长期细致的心理建设怎样深入和长期化等不少问题尚待解决。下队心理服务的工作还仅仅在路上，必须不忘初心，眼望前方，勇敢前行！

"路漫漫其修远兮，吾将上下而求索！"

刘淑慧

2018 年 8 月 31 日

于首都体育学院

序言二

　　生平第一次写序，而且是为徐守森老师的新书而写，心中不免忐忑。称呼老师，绝对是发自内心的尊敬，像我们这种在基层工作的人，对没有真才实学的人是不会正眼相看的。能够得识老师，并在一起共事，实是人生一大幸事。

　　我们于 2017 年 7 月 10 日开始组队备战平昌冬残奥会，这次集训得到国家前所未有的重视。集训时间长、集训人数多、场馆保障好、器材配备齐，并且首次出现科研助力。而轮椅冰壶教练组上报的需求是：解决运动员在重压之下的心理问题，使其能正常发挥技术。说实话，当时对课题组是否具备这样的能力我是持怀疑态度的，很好奇他们会用什么办法来解决这个问题，也想见识一下心理学是否真像传说中那么神，尤其还是专家们力荐的这个"不靠谱"团队。称之为"不靠谱"，是因为徐教授的团队在竞标课题书中连队伍的集训地点都不清楚，我们当时认为这个团队没认真做调研，靠不住。我也很好奇这是何方神圣，能得到专家的认可。

　　2017 年 12 月 16 日，周六，早八点，徐老师非常守时，按照事先约定打来电话，说已经到中体奥冰壶运动中心了。初见老师，不知道是不是打过几次电话的原因，非常亲切，不像初识，倒像是老友。第一次见面，我对他印象极好，他比照片中要年轻。他同我当年刚接触残疾人时有一样的顾虑，我告诉他，不把他们当作残疾人就是对他们最大的尊重。这里要说个题外话，经常听到很多人喜欢用"健康人"和"残疾人"这两个词来作区分，而我，更愿意用"健全人"这个词。健全，仅仅代表在身体上，而健康还关乎心理。一个人即使身体健全，但心理扭曲，算得上健康人吗？如果是作区分之用，个人认为，"健康人"这个词，有第二次侮辱残疾人的嫌疑。依稀记得徐老师问了一些问题，内容已经记不清了，不过可以肯定的是他以前确实没接触过冰壶。

驻队伊始，徐老师征求我的意见，和我交流开展工作的想法。我说："我是外行，就按照您的意思来。"队内竞争非常残酷，很多队员会主动找心理团队倾诉问题。记得有两次晚上九点多经过他房间的时候，依稀听见里面有啜泣的声音，应该是运动员在坦露心事。队员陈建新说："我就喜欢和徐老师聊天，得劲儿。"我自己也很喜欢和徐老师聊天，感觉很舒服，能回忆起很多事，也能忘记很多事，经常是聊着聊着就忘记了时间。记得有一次，徐老师陪我聊到凌晨三点多，我离开的时候他还要整理当天的访谈材料。12 月 24 日开赛的轮椅冰壶训练营邀请了俄罗斯队和韩国队，这两个国家来的都是国家队，是我们在冬残奥会上最主要的对手。这次比赛的目的既是检验队伍前期的训练成果，同时也涉及冬残奥会参赛人员名单的确定，所以运动员非常重视这次比赛，希望能在最后的时刻脱颖而出，搭上通往平昌的"末班车"。我想，这次比赛应该让课题组对轮椅冰壶有了初步的了解。一日三赛的赛程安排，比赛要到晚上十点多才结束，课题组全程跟踪，还主动承接了各条赛道的录像任务。半决赛时，中国五队中有的队员由于急于表现自己而出现了状况，是徐老师在中场休息时配合教练员解决的。备战平昌冬残奥会的这三个月时间，每天六七个小时的上冰训练，让课题组认识了冰壶这个项目，同时也让冰壶运动员见识了心理服务团队的敬业精神。

很喜欢听老师的课，几次讲座仍记忆犹新，听老师讲课如醍醐灌顶，酣畅淋漓。在进行提高放松和专注能力的训练时，运动员比较钟爱"菩提树"这个游戏。为了让他们能按时就寝，课题组还专门派人每天晚上收仪器。

对我个人而言，本次心理服务也受益匪浅。通读《中国轮椅冰壶队备战平昌冬残奥会运动心理服务纪实》一书，不难发现，其最主要的特点是实用性。对于竞技体育，最忌空谈，看的就是结果，如果不能解决队伍的实际需求，那就是纸上谈兵。对于服务残疾人运动队来说，更需要把专业的心理学术语，转化为让运动员和教练员都听得懂、记得住的"俗"话。让"玄而又神"的心理学走近运动员并使运动员做到学以致用，为此，他们没少花心思。这次对轮椅冰壶队的心理干预，是理论应用到实际的过程，取得了预期的效果。半决赛中，王海涛最后一壶绝杀加拿大就是最好的证明。夺冠后我问过海涛："你觉得心理团队对你的帮助大吗？"他不假思索地回答："大。"但具体到哪方面，他说："我形容不出来。"这也许是佛家所说的禅吧：不可说，若说便错。在书的最后部分，作者对残疾人社会保障体系的薄弱、冬残奥体育事业在国内刚刚起步和科研工作助力冬季残奥会仅仅是开始三方面提出自己的见解，有感而发。

诚然，这是课题组第一次为残疾人运动队服务，一定会因为经验不足而存在不尽如人意的地方。个别残疾人运动员的执拗程度，远超他们的预期。但可以看出，作者在书中已总结经验，并对下次的服务信心满满。对于我们来讲，希望心理团队能长期驻队，参与队伍的心理建设并随队参加比赛，出现问题后及时解决。当然，这更需要得到心理团队所在单位的鼎力支持。最后我想说，留有遗憾并非坏事。或许，生命本身就是一种残缺之美，坦然面对，或许欣慰。

李建锐

2018 年 10 月 17 日

于哈尔滨家中

自　序

各种机缘巧合，我得以接触中国轮椅冰壶队，得以接触冬残奥项目，这为我的职业生涯打开了另外一扇窗。

2017年11月10日，从科研处吴昊处长发到学校导师微信群里的信息得知课题申报的消息，说实话，在撰写课题书的时候，我是有碰运气的心态的——批准下来就干，批准不下来就算——结果被春风撞了一下腰。

2017年12月13日，中国残疾人体育运动管理中心（后来知道是陈丽女士）打来电话，通知我课题获得批准，可以下队了。我有些兴奋，那种感觉或许就跟大姑娘被介绍对象要去相亲一样。当然，随后就是忐忑，不要说残疾运动员，就是残疾人，之前我也从来没有接触过。

趁热打铁，当时跟陈丽女士把教练员李建锐的电话要过来，打电话约定16日（周六）去队里。这几天时间里，自己也忍不住盘算，在日常交流的语言当中是否应该尽量不要出现"残疾人"的称呼，在跟运动员说话的时候是不是需要蹲下来才显得尊重与平等。

2017年12月16日，经由中国残疾人体育运动管理中心协调，要在上午八点赶到位于北京怀柔的中体奥冰壶中心与轮椅冰壶队队员见面，这第一次跟队伍见面，也算是跟轮椅冰壶"登记结婚"的日子。

因为怕堵车，所以七点三十分就到了，没事干就在冰壶中心里边瞎溜达，熟悉周边的环境。这好像也是我的习惯，到一个新地方之后需要知道食堂在哪里、厕所在哪里，把身体的"入口"和"出口"安排好——不知道是不是马斯洛需要层次理论中的生理需要、安全需要在作祟。溜达间隙，顺着路牌指引，第一次走进了冰壶场地，那种新鲜感，时至今日记忆犹新，就好像处对象相亲时候的第一眼。

按照事先的约定，八点给李建锐教练打了电话，李教练非常开放，也非常礼貌，依然保留着进门请别人先走、给别人掀门帘的传统。上午的训练八点三十分开始，只有十分钟左右的时间交谈。回过头来再听录音，感觉我的问题东一榔头、西一棒槌，好在李建锐教练非常坦诚，有求必应、有问必答。十分钟时间里，我也直接问李教练，在跟残疾运动员交往的时候需要注意哪些问题。李教练回答说，大多数队员常年过集体生活，对身体残疾不太敏感，甚至都可以拿对方的身体部位开玩笑。这让我的心情没有那么紧张了。

训练时间很快就到了，穿过侧门到冰场，运动员已经在那儿做准备活动了。李教练向运动员介绍我，说这是我们的心理老师，以后会经常跟大家见面。21名运动员鼓掌欢迎，甚至有运动员开玩笑说："老师，您猜猜我在想什么？"那种热情一下子感染了我，完全没有出现我事先预想的种种顾虑……

转过天来，2017年12月17日，周日，开题报告会。原定于下周五开题，后来提前到下周二，再后来又提前到周日，可见中国残疾人体育运动管理中心希望尽快展开工作的迫切心情。那天上午，我带着一帮研究生到了管理中心，这是我第一次来这个地方，也没想到以后会经常跟管理中心打交道，拓展了一个新领域，认识了一帮新朋友。领导讲话之后才知道，评审专家们已经评审过一轮了，名义上是开题，实际上是布置工作，提要求。我花了15分钟时间陈述工作思路，专家用了30分钟时间提意见，真的是一次洗礼。让我印象很深刻的一些片段有：殷恒婵教授作为体育运动心理领域的前辈，按照开题报告的演示文稿（PPT），逐张指点，把多年的下队服务工作经验倾囊相授，从心理测量工具选择到心理对策库，从基本心理特征测试到项目心理特征测试，从前方驻队人员安排到后勤保障人员调配，从发现问题到制定对策，从监控进展到进行评价，从课题书撰写到经费预算分配，都给出了很多建设性意见，可以说，给我好好上了一课，开题报告的录音需要反复聆听。冯美云教授则提醒我们：“千万不能把课题跟队伍成绩挂起钩来。”“研一（学生）有课，研三（学生）毕业，也就是研二（学生）能下队。”诸如此类，感觉高屋建瓴。

有一个插曲，放在这里交代。关于课题任务书的遴选，后来熟悉了，李建锐教练告诉我，之前中心已经召集专家和各支队伍的教练员开过一次题，四份心理方向的申请书当中，他是把我们放到第四份的，因为在课题申报书中，由于我信息收集不足，不知道他们在哪里集训，所以在交代跟队训练的地点时，我写的是“（怀柔，哈尔滨？）”，李教练理所当然地认为我们都不知道队伍在哪里训练，根本就没谱，结果后来评审专家力挺，他才默默地把我们的课题申报书从最下面的位置放到了最上面的位置。

再后来是根据专家意见撰写计划任务书，以及根据计划任务书开展工作，这些内容可以参见正文部分。整体的工作指导思路是跟队伍拴在一条绳上的，急教练员之所急、想教练员之所想，设身处地地站在运动员的角度感受与思考。

平昌冬残奥会上，我国轮椅冰壶队进入半决赛战胜了加拿大队，至少可以拿到一块奖牌，已经圆满完成了既定的工作任务。这令我很是兴奋激动，同时也对决赛充满了期待，希望队伍能够站上最高领奖台。

最后的决赛，加局6：5战胜了挪威队，中国轮椅冰壶队夺得平昌冬残奥会金牌。我在家中客厅观看电视直播，很是激动，半跪在沙发上握着拳头振臂喊了好几声"耶"，老婆从隔壁房间跑过来问："赢了吗？"这时候我再也止不住激动的泪水，任其自然流淌。

写这本书的初衷，主要是为了记录、记住、纪念我在职业生涯中走过的一段路，这也是我美好人生的一段美好时光。

徐守森

2018 年 10 月 8 日

于北京师范大学家中

目 录
CONTENTS

第一章　服务背景

2017 年 11 月 10 日，为备战 2018 年平昌冬残奥会，中国残疾人体育运动管理中心发布《2017—2018 年度残疾人体育科研服务与攻关项目课题申报指南公告》①。在所有招标项目当中，只有一项和运动心理服务有关：轮椅冰壶运动员赛前心理测评、疏导调整与专项心理技能训练系统保障。

按照课题申报指南公告中的陈述，研究任务规定为：研究轮椅冰壶重点运动员心理特点和备战状态，开展针对性专项心理技能训练，包括备战冬残奥心理手册制订与应用、赛场场景模拟训练等心理调节。针对轮椅冰壶队训练和竞赛中存在的心理问题开展个体与团队心理咨询和指导。制订日常心理训练和竞赛心理计划和保障措施；建立轮椅冰壶运动员心理诊断及评价标准，构建重点运动员个性化心理干预模式。

---

① 中国残疾人体育运动管理中心 . 2017—2018 年度残疾人体育科研服务与攻关项目课题申报指南公告［Z］. 2017.

第一节　课题申报书阶段

经由首都体育学院科研处协调，我们有机会申报该研究项目。课题申报之初，按照课题申报指南公告的要求，结合以往的工作经验，我们将本次课题的工作目标确定为："精诚团结，全力以赴，通过拥有的运动心理咨询和心理技能训练等专业知识和专业技能开展工作，协同训练、营养、康复等其他领域的专家学者一道工作，为中国轮椅冰壶队的教练员、运动员竭诚服务，为队伍能够在2018年平昌冬残奥会上取得优异成绩保驾护航。"

具体的工作内容，在课题申报指南公告所规定的工作任务基础上，细化为如下六个方面。

第一，访谈打开局面，了解队伍需求。无论是熟悉项目还是熟悉队伍（包括教练员、运动员、管理人员、服务人员），都可以借助访谈的形式介入。访谈的核心目的是密切和教练员、运动员的关系，走进教练员、运动员的内心世界，赢得教练员、运动员的信任，为后续工作开展奠定良好的人际基础。

第二，观摩训练和比赛，融入队伍生活。根据国际运动心理学家成熟的工作经验，"hang out"（经常溜达）和"face time"（混个脸熟）都是运动心理工作者必须掌握的基本功。鉴于此，我们也希望能够跟主教练、领队、队长协商，努力跟踪队伍的训练、比赛和日常生活，包括参加队内跟队伍发展、人员调整、战术安排等有关的各种内容、各种形式的会议。

第三，开展心理教育，提升队伍心理素养。争取主教练和领队的支持，根据队伍需求，结合队伍时间安排，为教练员、运动员举办心理教育讲座。根据以往的经验，可能的讲座题目包括正确的心理定向、赛前心理准备、应对比赛焦虑、压力管理等。

第四，进行心理测量，提供心理诊断。根据队伍要求和实际需求，对运动员进行心理测量，包括人格特征、情绪稳定性特点等。这样既可以帮助运动员了解自身特点，也可以为后续更好地开展心理服务工作奠定基础。

第五，结合宣传册，进行系统化的心理训练。根据访谈内容和主教练、领队的指示精神，为教练员、运动员提供系列化、成系统的心理宣传册。开展系统化的心理训练，包括传统的目标设置训练、注意力集中训练、表象训练（冥想训练）、自我暗示训练、认知调节训练等，也包括当前国内外最流行的正念减压训练（mindfulness－based stress reduc-tion，MBSR）、接纳承诺训练（acceptance & commitment training，ACT）等。

第六，提供心理辅导，解决运动员的核心心理困惑，包括针对整支队伍的团体心理辅导和针对个别运动员的个体心理辅导。根据以往经验，针对整支队伍进行的团体心理辅导可能的题目包括人际关系协调、团队凝聚力提升、团队目标的确立等。针对个别运动员进行的个体心理辅导可能的主题包括情绪调节、压力应对、智慧提升、人格完善、价值观的明确等。

第二节　计划任务书阶段

2017 年 12 月 17 日（周日），中国残疾人体育运动管理中心组织专家召开开题报告会，经由专家提出意见和建议，在课题计划任务书中，我们将具体工作内容修改为如下八个方面。

第一，观摩训练和比赛，介入队伍会议，融入队伍生活。征得教练员同意之后，努力跟踪队伍的各种活动，包括训练、比赛和日常生活，以及参加队内跟队伍发展、人员调整、战术安排等有关的各种形式的会议会谈，及时掌握队伍动态，做出针对性反应。

第二，半结构化访谈，建立合作关系，了解队伍需求。访谈对象主要集中在教练员、运动员，如有必要，可以扩展到管理人员、服务人员等。访谈教练员的目的在于，了解教练员的执教经历、执教理念、工作思路、队伍整体情况、重点运动员情况、队伍需求等详细信息。访谈运动员的目的在于，了解运动员的成长经历、比赛经历、价值观念、入队动机、脾气秉性、心理困惑等。同时，也借助访谈这种形式，密切和教练员、运动员的关系，走进教练员、运动员的内心世界，赢得教练员、运动员的信任，为后续工作开展奠定良好的人际基础。

第三，进行心理测验，了解运动员的心理素质，为队伍决策提供参考。根据队伍要求和实际需求，对运动员进行心理测试，结合目前了解的情况，可能的测验包括智力测验（投壶点的选择、路线选择、整体布局等跟智商可能有较高相关），注意力测验（投壶瞬间对注意力集中能力要求极高），情绪系列（包括简式 POMS、竞赛状态焦虑等，近期已经有运动员出现被淘汰的焦虑，出现睡眠问题），意志品质（八局比赛，持续时间较长），压力应对（竞技体育，压力重重），归因风格（已经发现有运动员有外归因的特点），大六人格（人格特征对教练员了解运动员，以及运动员之间互动有影响作用），决策风格（希望能够为教练排兵布阵提供参考）等。同时，轮椅冰壶作为一个团队项目，根据目前了解的情况，还需要利用社会测量法确定人际关系的亲疏远近，为最终的人员选拔、团队组建提供参考。

第四，举办心理讲座，开展心理教育，提升队伍心理素养。根据三位运动员的访谈结果得知，队员们的心理素养在很多方面还有很大的提升空间。争取两位教练员的支持，根据队伍需求，结合队伍时间安排，为教练员、运动员举办心理教育讲座。结合发现的问题和以往的下队经验，可能的讲座题目包括正确的心理定向、赛前心理准备、应对比赛焦虑、压力管理、职业生涯规划等。需要注意的是，考虑到运动员的受教育水平，具体题目呈现给运动员的时候要做适当调整，要让运动员能够理解。

第五，提供一对一的心理咨询与辅导，解决运动员的个体化心理困惑，做好留下队员的心理建设和离开队员的心理安抚工作。针对重点运动员，尤其是为主动来咨询的运动员提供运动心理咨询服务。按照现有的理解，可能的咨询主题包括压力管理、情绪管理、人际关系、职业生涯规划等。结合我们在运动心理咨询领域的积累，计划从全人全程发展的观点出发，借助接纳与承诺疗法（acceptance & commitment therapy, ACT），围绕心理僵化六边形模型和心理灵活六边形模型展开咨询工作。核心目标是为运动员服役期间、退役之后做好职业生涯规划，做好人生全程的陪伴工作。

第六，针对问题，选定主题，开展普适性的心理技能训练。个体层面，针对心理测试的结果和运动员提出来的心理需求，提供个性化的心理技能训练方案。其中既可以进行传统的心理技能训练，包括目标设置训练、注意力集中训练、表象训练、自我暗示训练、认知调节训练等，也可以进行现代的正念训练，包括当前流行的正念减压训练（mindfulness - based stress reduction，MBSR）、接纳与承诺疗法（acceptance&commitment training，ACT）等。目的在于提高运动员集中注意力的能力，使运动员能敏锐意识到不合理观念、负性情绪、消极思维等的不良影响，提高运动员的情绪管理能力、意志品质，完善其人格，优化其性格等。如果队伍统一进行接纳承诺训练的话，还需要添加一些心理量表作为测查工具，包括正念五因素问卷、认知融合问卷、接纳与行动问卷等。团体层面，通过人际关系训练、团队互动训练等团体干预训练，确立团队目标，提高团队凝聚力，增强团队信任程度。

第七，结合技战术训练，进行专门性的心理技能训练。接触后我们发现，队伍还缺乏系统的成绩统计系统，由此我们打算将目前使用的纸质版的成绩统计系统制作成电子版本，协助完成训练数据统计分析工作，形成可以量化的训练监控体系，可能的指标包括某个运动员在某个垒次投壶的方向（顺、逆），打法的成功率和失误率以及评分等级等。将成绩统计系统量化之后，进一步渗透运动心理学中的目标设置训练，以便监控运动员训练质量和比赛情况，同时也为教练员决策拿出有说服力的证据。

第八，利用现代化便捷手段，监控运动员睡眠质量。繁重单调的训练和紧张刺激的比赛，加上残酷的淘汰机制，会给运动员带来很大压力，甚至会影响教练员、运动员的睡眠质量。除了心理量表测试等主观评价手段之外，我们可以请教练员、运动员下载专用 App，采用客观指标监控运动员的睡眠质量，包括总睡眠时长、深浅睡眠时长、比例等指标。

在计划任务书阶段，考虑到工作时间短、工作压力大，预期的工作成果并没有设置过高的门槛，我们将其设定为：

（1）《中国轮椅冰壶运动员 2018 年平昌冬残奥会心理备战手册》。根据队伍要求，为重点运动员提供心理备战手册，系统盘点重点运动员在训练和比赛期间可能遭遇的心理瓶颈，提供针对性强、操作性强的心理应对策略库。

（2）《中国轮椅冰壶运动员 2018 年平昌冬残奥会运动心理科技服务工作报告》。可能的目录：①服务工作项目背景；②心理教育讲座的内容摘要和内容选择背景介绍；③心理测试选择的理由以及前后测结果分析；④心理干预方案介绍及其效果评估；⑤结合项目特点的心理技能训练手段汇总；⑥核心运动员的心理困惑及其帮助策略（如果能够征得运动员同意）；等等。

第三节　更大的历史背景

在接触队伍以及与教练员沟通之后，获知这次服务工作更大的历史背景：队伍在 2014 年索契冬奥会上"由于自身失误过多负于英国队无缘残冬奥会奖牌"①。换句话讲，中国轮椅冰壶队本来具有夺牌的实力，

---

① 2014 年索契残冬奥会轮椅冰壶铜牌赛：英国 VS 中国［EB/OL］. 央视网，2014.

但是由于在索契冬奥会上发挥欠佳，与奖牌失之交臂。

此外，按照教练员的理解，队伍训练水平还是挺高的，但是每次到比赛，尤其是重大比赛的时候，往往发挥不出训练中的水平，因此，教练员对心理服务需求强烈，希望心理老师能够协助解决这一问题，从而在2018年平昌冬残奥会上取得好成绩。

也正是因为这个大的历史背景，中国残疾人联合会下属的中国残疾人体育运动管理中心对中国轮椅冰壶队寄予厚望，专门组建集训队伍，并开始了长期训练，投入力度之大可见一斑。集训队教练组由三人组成，聘请黑龙江残联李建锐教练和北京中体奥冰壶运动中心茹霞教练担纲主教练，聘请原中国女子冰壶队世锦赛冠军的二垒岳清爽担任总教练，三位教练员经验都非常丰富，教练员阵容非常强大。集训队员原定20名，实际到位19名（1名运动员因个人原因退出），从2017年7月开始就在北京市怀柔区的中体奥冰壶运动中心进行集训，到2018年3月开始比赛，持续集训了七八个月的时间，这也是中国轮椅冰壶历史上集训规模最大、时间最长、效果最好的一次。

第二章　服务方式

心理服务工作结束后进行总结，最初确定的工作内容基本完成，甚至可以说超额完成任务，具体的服务工作总结为如下方面。

第一，长期持续驻队，观摩训练和比赛，了解队伍状况，融入队伍生活。

第二，开展半结构化访谈，建立合作关系，了解运动员需求，建立运动员信息库。

第三，进行心理测验，建立运动员心理档案，为队伍决策提供参考。

第四，举办心理讲座，开展心理教育，提升队伍心理素养，形成心理讲座集萃。

第五，提供个体心理咨询与辅导，解决运动员的心理困惑，对入选运动员进行心理建设，对落选运动员进行心理安抚，对教练员进行心理疏导。

第六，对入选第一阵容和第二阵容的运动员分组进行团队建设，增强队伍凝聚力。

第七，针对压力问题，选定放松主题，开展普适性的心理技能训练。

第八，访谈教练员，组织运动员，编制两个版本的心理手册。

第九，约谈参赛队员，参加队内准备会，分析对手情况，进行最后的攻坚。

第十，加入奥运团队微信群，全程跟踪奥运比赛，观看比赛直播或录播，回收赛前动员或赛后总结录音，提供远程心理咨询服务。

第一节　驻队服务

驻队是心理服务工作的重要组成部分。如果教练员、运动员不熟悉心理工作者，很难敞开心扉说实话。反过来也是一样，如果心理工作者不熟悉教练员、运动员，很难把工作做到位。教练员、运动员的很多心理过程都是在训练和比赛过程中积累和表达的。不驻队，不了解事情的来龙去脉就很难站在客观中立的角度理解问题，也就更谈不上解决问题。

一、驻队过程记录

2017 年 12 月 16 日（周六），经由中国残疾人体育运动管理中心牵头协调，我们跟队伍第一次接触，跟李建锐教练、茹霞教练第一次见面，并访谈了 3 名运动员。

12 月 17 日（周日）开题报告，12 月 18 日—21 日断断续续下队。12 月 24 日开始，以俄罗斯、韩国、中国三国举办训练营为契机，入住中体奥冰壶运动中心，开始跟运动员同吃同住，持续观摩训练和比赛。

具体下队人员包括徐守森副教授和研究生刘海虹（2015 级）、赵纪龙（2016 级）、李佳新（2017 级）4 人，后方支援人员是樊雯（2015 级）和左琪（2017 级）2 人。

截至 2018 年 3 月 6 日送行队伍出发平昌，心理服务团队持续跟队 69 天，断续跟队 79 天，合计下队 153 人次，深入了解轮椅冰壶项目规则和技战术特点，熟悉集训队伍人员组成情况、个体性格特点和团队文化特色，放心大胆、创造性地开展工作，跟教练员、运动员建立了深厚的感情，出色圆满地完成了各项工作任务。

心理团队驻队情况记录如附录 1 所示。

二、工作日志

我们把每天主要发生的事件以工作日志的形式做了记录，参见附录 2，这样既可以把这项工作从头到尾相对完整地记录下来，又利于对我们的工作进行反思，并为之后很多模糊不清的记忆提供了线索。

三、每周服务情况统计表

为了加强对各个课题的过程监督，课题组织方——中国残疾人体育运动管理中心自 2018 年 1 月开始，要求各支服务队伍提交每周服务情况统计表。各周的统计表参见附录 3，该表格的记录过程更为系统，内容相对浓缩。

四、工作结束后的反思

项目结束之后，回想驻队工作的过程，会有一些遗憾，后续类似工作可以做出一些改进。

第一，一旦接到任务，应该尽快安排人员驻队。由于项目启动得比较急，很多手头的工作还在进行当中，又赶上学校的教学工作正处于期末阶段，教师和学生都比较忙，所以迟迟未能实现全天候驻队，比预期的驻队时间晚到一周左右，以至于被中国残疾人体育运动管理中心的工作人员催促，工作显得被动。在后续工作中，如果再碰到类似情况，需要尽快做出调整，迅速对队伍需求做出回应，抓紧时间协调人员驻队，尽快和教练员、运动员建立关系，并及时向体育运动管理中心汇报工作动态。

第二，组织研究生打造战斗力强的工作团队。这次工作任务的完成是心理服务团队集体作战、团结协作的结果。驻队的三位研究生、后勤保障的两位研究生分别来自两位导师，打破了学科内部导师之间的壁垒，对于首都体育学院心理学科的发展具有启发意义。驻队研究生需要一定的心理咨询能力，能够透彻了解队伍情况，清晰把握教练员、运动员的心理需求；需要具备较强的人际交往能力，能够在较短时间内和教练员、运动员打成一片，赢得队伍的好感，在队伍当中起到润滑剂、开心果的作用。后勤保障的研究生接到任务之后需要迅速响应，保质保量地完成前方需求；需要具备相应的学科基础，同时更需要认真细致、勇挑重担的工作态度。这些对于首都体育学院心理学科的研究生招生和研究生培养都具有启发意义。

第三，应该抓住机会，尽早熟悉项目规则。平昌冬奥会开始之后，队伍上下都非常关注中国女子冰壶队的比赛，其间又有机会跟教练一起观看比赛，借着对冰壶比赛的探讨，对轮椅冰壶的项目特点有了进一步的了解。回想起来，这种深入了解项目特点、项目规则的机会最早出现在俄罗斯、韩国、中国三国赛期间。那时候，刚刚和教练员接触，陪伴看比赛的成分过多，探讨技战术的成分过少。虽然有刚刚接触队伍，和教练员、运动员还比较陌生的客观原因，加上虽然是训练营，但是竞技体育往往比较看重输赢，团队有不想过多影响教练员比赛指教的主观担心，工作的主动性依然有提升空间。而且当时按照教练员的要求，对重点赛道的比赛进行了录像，所以等比赛结束之后，迅速结合录像向教练员、运动员请教技战术也是一种可行的策略。

第四，做个有心人，及时做好资料收集和分类整理工作。一开始驻队的时候，时间并不连续，人员不稳定，也没有意识到工作记录的重要性，虽然工作团队全身心投入，做了大量工作，但是工作记录得比较零散。等工作周期即将结束时，考虑到要进行结题汇报，才开始整理一些材料，那时候就发现，虽然照了很多照片，录了很多录音，拍了很多录像，但是由于没有及时汇总，资料非常凌乱，很难捋出一条主线，也有部分珍贵照片丢失，导致未能完整、充分地记载这一段工作历程，想想还是有很多遗憾。

第五，短期驻队只能解决部分问题，长期驻队才是"王道"。根据教练员、运动员的反馈和我们自己的感受，这次驻队工作最大的遗憾就是课题启动时间稍晚，服务周期较短，队伍成立之后（2017年6月15日开始集结）累积的一些问题没有得到很好的解决，印象比较深刻的话题包括队伍伙食问题、国家第一次组织集训带来的运动员不适应竞技体育的残酷竞争问题（这一点在落选运动员身上表现得尤其明显）等。

第二节　半结构化访谈

半结构化访谈是心理工作者熟悉项目特点、了解队伍情况，迅速和教练员、运动员建立关系的基本手段，也是心理工作者主动开展工作的基本形式。之所以称为半结构化访谈，是因为访谈提纲会随着对项目的深入了解而有所变化、有所调整。

一、访谈过程记录

从 2017 年 12 月 16 日和队伍第一次接触开始，到 2018 年 1 月 7 日结束，断断续续花费了三周时间（访谈时间拉得较长是因为中间间隔了俄罗斯、韩国、中国三国训练营），除了访谈集训队全部 19 名运动员之外，还访谈了北京队 2 名随训队员，合计访谈 21 名运动员。访谈总时长 1621 分钟，平均时长 77 分钟，如表 2 - 2 - 1 所示。

表 2 - 2 - 1　运动员访谈过程列表

序号	时间	姓名	时长/分
1	2017 年 12 月 16 日	孙＊＊	65
2	2017 年 12 月 16 日	陈＊＊	50
3	2017 年 12 月 16 日	刘＊	51
4	2017 年 12 月 21 日	王＊＊	87
5	2017 年 12 月 23 日	黄＊＊	58
6	2017 年 12 月 23 日	王＊	50
7	2017 年 12 月 23 日	闫＊	54

续表

序号	时间	姓名	时长/分
8	2017 年 12 月 23 日	徐 * *	60
9	2018 年 1 月 6 日	张 * *	86
10	2018 年 1 月 6 日	李 * *	55
11	2018 年 1 月 6 日	张 *	186
12	2018 年 1 月 6 日	于 * *	67
13	2018 年 1 月 6 日	黎 * *	51
14	2018 年 1 月 7 日	贺 *	130
15	2018 年 1 月 7 日	张 *	71
16	2018 年 1 月 7 日	赵 *	68
17	2018 年 1 月 7 日	黄 * *	128
18	2018 年 1 月 7 日	徐 * *	48
19	2018 年 1 月 7 日	邵 * *	78
20	2018 年 1 月 22 日	黄 * *	108
21	2018 年 1 月 22 日	刘 *	70
总时长	1621 分		
平均时长	77 分		

二、访谈提纲

随着访谈的逐步深入，逐步形成了一套相对成熟的访谈提纲，所覆盖的范围包括了解运动员的家庭背景、教育经历、成长史、残疾史、从事残疾人竞技体育运动的历史（重点是轮椅冰壶运动）、性格特点、团队关系、具体的心理需求等。具体内容如表 2 - 2 - 2 所示。

表2-2-2 轮椅冰壶运动员半结构化访谈的提纲

序号	运动员访谈提纲内容
1	介绍自己的个人成长经历,尤其是身体残疾经历
2	介绍自己的家庭背景,包括父母、兄弟姐妹、亲戚朋友等
3	介绍自己的运动员经历,尤其是轮椅冰壶的项目经历
4	介绍自己所在运动队的基本情况,包括教练员、运动员、队伍训练情况、比赛成绩、保障状况等
5	介绍自己所在的团队,尤其是自己的技战术优势和短板
6	介绍自己的性格特点
7	如果组队参赛,介绍自己的组队意愿和理由
8	希望心理服务团队能够提供哪些帮助

通过对运动员进行访谈,大致了解了21名运动员的成长经历、家庭背景和轮椅冰壶项目经验,并熟悉了运动员的脾气性格,与运动员建立了顺畅的沟通形式和良好的相对信任的咨访关系。

三、访谈纪要案例

我们已经将所有运动员录音转录为访谈纪要,牵扯到心理咨询的保密性原则,仅以运动员C**的访谈纪要为例加以呈现,参见表2-2-3。

表2-2-3 运动员C**的访谈纪要

访谈时间	2017年12月**日	访谈地点	中体奥冰壶运动中心
访谈者	徐守森	被访谈者	C**
——四年训练生涯。2013年进入轮椅击剑队,参加过全国锦标赛;2014年BJ成立了冰壶队,第一批进入冰壶队;2014年7月开始入队训练;2014年11月在黑龙江参加第一届全国锦标赛;2014年5月参加全运会;2015年参加世锦赛;2016年参加第二届全国锦标赛,同年参加了训练营;2017年3月参加韩国世锦赛。			

——这些年取得的进步。一开始什么都不懂，随着对冰壶的接触，开始明白一些，又进行一些精练，到现在有一定的技术水平。在这个过程中，技术有起伏也有跌落，在高原期的时候，心态也会有波动。

——曾经有担任指挥和四垒的经历。2016 年参加全运会，最后一局落后 6 分，几乎没有胜利的希望。在这种情况下，仍然没有放弃希望，相信自己也相信队友，最终赢得了比赛。当指挥最重要的是需要看到后面很多步，以及安抚队友的情绪。在给点方面自己还有待提高。

——想一起打比赛的队员。王＊＊、刘＊、闫＊或王＊、孙＊＊。和王＊＊、刘＊是老队友，四垒压力很大，因为他看得比较全面，而且人很好接触，认为王＊＊适合当指挥和四垒；刘＊的技术好而且想得很少，适合二垒；闫＊一垒一直打得很好；孙＊＊以前打得好，但是最近几个月打得不好。

——打关键壶的心得。心态很重要，在心态有变化的时候，需要尽快平复，因为冰壶需要专注。自己的心态有变化，在训练的时候会走神儿，心态有波动的时候有一点害怕，需要很快地进行调整。

——希望能够得到的帮助。①情绪波动时，可以让自己时刻保持冷静。②希望自己内心足够强大。③活在当下，不被过去或未来的事情所困扰。

四、访谈发现的一些规律

通过访谈可以发现，这群轮椅冰壶运动员在成长背景等很多方面有其规律性，主要体现在以下几方面。

第一，受到轮椅冰壶在国内开展省份较少的影响，19 位运动员来源的省份较单一，主要来自黑龙江（5 名）、北京（5 名）、江苏（3 名）、河北（2 名）、广东（2 名），其他省份（新疆 1 名、吉林 1 名）

零星分布。

第二，受到我国残疾人体育运动比较薄弱的影响，运动员参加国际残疾人比赛的机会更少，所以获得国际运动分级的具有出国比赛机会的运动员数量有限，19 名运动员当中只有 13 名具有国际运动分级，其余 6 位没有国际运动分级，没有资格参加平昌冬残奥会，这也成为后续一些矛盾的根源之一。

第三，受到轮椅冰壶项目参赛队员性别的影响（至少 1 名女运动员，很多国家的队伍也只包括 1 名女性运动员担任一垒），集训队伍 19 名成员中，以男性为主（13 名），女性较少（6 名）。

第四，运动员残疾类型主要包括小儿麻痹症（或称脊髓灰质炎）和高位截瘫，在数量分布上，小儿麻痹症居多，高位截瘫较少，而高位截瘫则多由意外伤害造成，主要原因是车祸，也有一些其他原因。

第五，轮椅冰壶运动员的受教育水平普遍不高，只有少数接受过高等教育，虽然有部分运动员挂靠在体育院校，但上学时间有限，接受的教育缺乏系统性和连贯性。受教育水平影响最大的一个问题是很多运动员认死理，形成的一些成见很难改变。

第六，轮椅冰壶运动员所在家庭的经济水平普遍不高。由此产生的对金钱的一些渴求，包括由此产生的希望通过比赛改变自身命运的强烈愿望等，也成为后续工作绕不开的陷阱之一。

第七，轮椅冰壶属于集体项目，对人际关系和团队凝聚力提出了较高的要求，但是由于运动员来自不同省份，再加上人员调整等问题，队伍里产生的人际冲突较多，人际关系比较复杂。

五、工作结束后的反思

工作结束之后，对半结构化访谈部分进行反思，我们发现，在很多方面都存在着可以进一步提升的空间。

第一，在最初和队伍接触时，除了访谈运动员之外，也应该访谈教练员。这样可以全方位了解队伍需求，除了能够和运动员更快地建立熟络的关系之外，也能够更快地和教练员建立关系，从而为后续开展心理服务工作奠定更扎实的基础。这次服务过程当中，实际访谈教练员的工作是在集训后期队伍集训名单不断缩窄的情况下进行的，那时候，教练员很多真实的想法才开始显现出来。如果这部分想法能够及早被挖掘出来的话，将有利于更好地开展工作。

第二，访谈提纲应该尽早完善成型。本次服务的半结构化访谈过程，虽然最初的访谈提纲是有考虑的，会从成长经历、家庭背景、残疾人竞技体育从事历史等角度入手逐次展开，但是访谈过程中明显能意识到，随着访谈人数的增加，访谈提纲逐步完善起来，越到后期，访谈得越全面、越深入，尤其会深入结合项目特点，例如轮椅冰壶的团队关系、垒次变化等情况进行，这样在后续进行资料分析时，前面的运动员会在部分主题上有内容缺失，显得不够完整。

第三，访谈顺序应该随机确定。在实际访谈过程中，除了第一位运动员自告奋勇要求最先被访谈之外，后面的运动员基本上按照重点运动员、非重点运动员的顺序排列，中间也有几位运动员主动要求，临时插入。尤其是后面的名单，全部是非重点运动员。本来这种安排并非有意为之，况且按照竞技体育的思路，即使是这样的顺序，也无可厚非，但是在工作结束后的意见反馈当中，就有运动员，尤其是非重点运动员，非常明确地把这一点提了出来。后续工作当中，如果认为有必要，可以适当进行随机化。结合前面的访谈提纲制定，从非重点运动员入手或许是一种更好的选择。

第四，可以考虑对访谈内容进行质性研究，从中总结规律，为后续工作提供借鉴。这次运动员访谈的数量足够多，为 21 名，而且都是来自国内轮椅冰壶开展较早、实力较强的省份，基本上能够代表中国轮椅冰壶的整体水平，对这部分精英运动员的半结构化访谈进行质的研究很有必要，从中总结出一些规律，对于后续项目发展和工作开展都将具有帮助作用。

第三节　心理测验

心理测验数量众多，既有普通心理测量领域的测验，也有体育运动心理测量领域的测验。结合本次轮椅冰壶集训过程中教练员、运动员的实际需求，我们共进行了两次心理测验，分别测量了人格问卷、内外控制量表。两者相互印证，希望可以为教练员更好地了解运动员的人格特点、更好地把握运动员的思维模式和行为模式提供参考。

一、人格测试的结果

（一）测试目的

进行人格测试，第一，可以加速运动心理工作者对教练员、运动员的熟悉过程；第二，可以增加教练员对运动员性格特点的了解；第三，可以增进运动员对自身性格特点的了解。

（二）量表介绍

经过斟酌之后，我们选择的是"跨文化（中国人）人格测评工具

（第 2 版）"① （以下简称 CPAI - 2 量表）。

CPAI - 2 量表共有 541 道题目，采用"是""否"计分，包含了 28 个一般性格量表、12 个临床性格量表和 3 个效度量表。其中，28 个一般性格量表又分别属于四个部分：领导性（social potency）、可靠性（dependability）、容纳性（accommodation）、人际取向（interpersonal relatedness）。12 个临床性格量表又分别属于两个部分：情感问题（emotional problem）和行为问题（behavioral problem）。参见附录 4。

（三）测试结果

最终测试人格问卷 27 份，其中运动员 21 份，教练员 2 份，工作人员 4 份。我们联系到问卷制作方，进行申请，将原始数据录入后发给对方协助进行统计分析，并对测试结果进行了创造性的解读，制成了简明易懂的 PPT 版本。

原本打算向运动员反馈测试结果，但测试结果出来之后，考虑到个别运动员的测试结果在临床性格量表中出现了明显的情感问题和行为问题，担心反馈之后反而对其造成一些不良影响，所以跟教练团队沟通之后，只把测试结果反馈给了三位教练员，并没有向运动员反馈。但是在随后的一次讲座上，将测试要素进行了解读，并对不公布测试结果的原因进行了解释说明。

反馈给三位教练员的测试结果如表 2 - 3 - 1 所示，努力做到言简意赅、通俗易懂，希望可以为读者提供借鉴（表格的一行表示一张 PPT）。

———————————

① 有关 CPAI - 2 的资料，可于此网页下载：http://www.psy.cuhk.edu.hk/~cpaiweb。

表 2 - 3 - 1 CPAI - 2 测试结果反馈

CPAI - 2 量表测试结果反馈 首都体育学院轮椅冰壶项目心理服务团队 2018 年 1 月 6 日测试，2018 年 2 月 9 日反馈 中体奥冰壶运动中心
什么是 CPAI? 　CPAI - 2 全称是什么? 　Cross - cultural（Chinese）Personality Assessment Inventory，CPAI - 2 　[跨文化（中国人）人格测评工具（第 2 版）] 　CPAI - 2 测量什么? 　测量人格! 　人格是什么? 　每个人所具有的不同于其他人的稳定而独特的内在思维方式与外在行为风格
CPAI，科学性如何? 　　　　重测信度：是指不同时间施测，结果基本一致。 　　　大学生样本重测信度：各要素 1 周—1 月重测信度 0. 56—0. 94。 　　　常模平均分 50 分，分数越高，表示该特质越明显，越突出。
CPAI 测量要素 　一般性格量表 1. 领导性（social potency） 2. 可靠性（dependability） 3. 容纳性（accommodation） 4. 人际取向（interpersonal relatedness） 临床性格量表 5. 情感问题（emotional problem） 6. 行为问题（behavioral problem）

一般性格量表之 1. 领导性	
新颖性（novelty）	测量一个人在多大程度上喜欢尝试新事物和面对新挑战
多样性（diversity）	测量一个人在多大程度上会尝试以不同的方式工作以及寻找各式各样的体验和经历

多元思考（divergent thinking）	测量一个人在多大程度上可以从多个角度审视并处理事件或问题
领导力（leadership）	测量一个人在多大程度上拥有影响他人并且在做决定的时候担当领导地位的能力
理智性（logical orientation）	测量一个人的思维和行为在多大程度上是客观或理性的
艺术感（aesthetics）	测量一个人在多大程度上珍视和享受生命中的美和艺术
外向性（extraversion）	测量一个人的外向程度
开拓性（enterprise）	测量一个人在多大程度上准备好承受风险
新颖性（novelty）	测量一个人在多大程度上喜欢尝试新事物和面对新挑战
一般性格量表之2. 可靠性	
责任感（responsibility）	测量一个人在执行任务或达成目标时在多大程度上是值得信赖的
情绪性（emotionality）	测量一个人在多大程度上能够控制自己的情绪
自卑（inferiority）	测量一个人自我否定和自卑的程度
务实性（practical mindedness）	测量一个人在多大程度上重视内涵多于外表
乐观（optimism vs. pessimism）	测量一个人在多大程度上对于生命和其他事物抱着正面的看法，同时也测量一个人是否过分担忧或过于批判别人
严谨性（meticulousness）	测量一个人将多少注意力放在细节上，以及有多关心工作的素质
面子（face）	测量一个人在社交互动中对于维持体面的重视
内控制点（internal vs. external locus of control）	测量一个人在多大程度上将自己的经历和事情出现的原因归到自己身上
亲情（family orientation）	测量一个人在多大程度上有团结家庭和负起家庭责任的意识

一般性格量表之 3. 容纳性	
阿 Q 精神（Ah – Q mentality）	测量一个人有多大程度的自我安慰精神
宽容性（graciousness）	测量一个人在跟别人相处的时候有多友善以及气量有多宽宏
容人度（interpersonal tolerance）	测量一个人在多大程度上能够容忍跟自己不同的人
自我取向（self orientation）	测量一个人对于团队工作的热诚，以及他是否愿意为了对共同目标做出贡献而放弃个人目标
老实（veraciousness）	测量一个人有多实诚，以及他有多忠于事实
一般性格量表之 4. 人际性	
传统性（traditionalism）	测量一个人现代化的程度，以作为他对于社会现代化的回应的一个指标
人情（relationship orientation）	测量一个人在多大程度上遵从双向互动的传统法规，例如礼节、礼尚往来、维系和利用有用的人际关系等
人际敏感性（social sensitivity）	测量一个人对他人的感受有多敏感以及有多强的同情心
纪律性（discipline）	测量一个人有多重纪律及严格，而非懂得随机应变、有弹性，或无所顾虑
和谐性（harmony）	测量一个人心平气和及知足的程度，以及一个人跟别人的关系
节俭性（thrift vs. extravagance）	测量一个人喜欢储蓄而非花费的倾向，以及一个人花钱时有多小心的程度
临床性格量表之 5. 情绪问题	
自卑（inferiority）	测量一个人自我否定和自卑的程度
焦虑紧张（anxiety）	测量一个人感到恐惧、恐慌以及表现出强迫症状的倾向
抑郁（depression）	测量一个人感到绝望及无助和萌生自杀念头的程度

身体症状（physical symptoms）	测量一个人是否周身病痛以及有身心症
躯体化（somatization）	测量一个人在多大程度上以身体形式来表现心理问题
性适应问题（sexual maladjust-ment）	测量一个人在多大程度上与异性关系不自在或有困难，对性事紧张或性压抑以及性失调
临床性格量表之6. 行为问题	
病态依赖（pathological depend-ence）	测量药物的滥用、成瘾行为、赌博习惯、试用毒品、酗酒、烟瘾、毒瘾
兴奋性（hypomania）	测量一个人在多大程度上过度活跃、激动、坐立不安、不能自制、浮夸
反社会行为（antisocial behav-ior）	测量一个人有多倾向于违纪犯法、不守规则、做出破坏性行为或惹上法律麻烦
需要关注（need for attention）	测量一个人情绪波动、戏剧化的程度
脱离现实（distortion of reality）	测量怪诞经验、妄想、幻觉
猜疑（paranoia）	测量一个人在多大程度上有被迫害的妄想，认为凡事与己关联，感到威胁

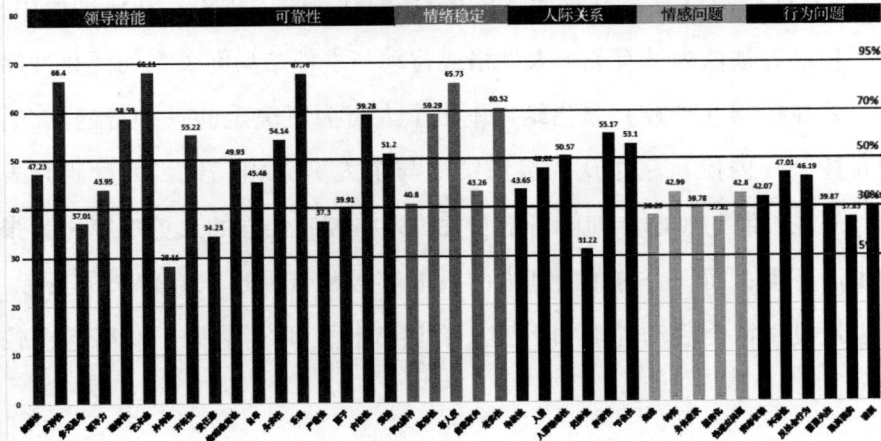

个人测验结果-1王*

其他教练员、运动员的个人测试结果，从略

二、归因风格的测试结果

（一）测试目的

在观摩比赛和训练以及运动员访谈过程中，发现有些运动员有明显的外归因倾向，把很多问题，尤其是自己训练起伏、比赛失败的原因归结到外部，包括教练员指导不力、队友发挥不好等，并由此影响到自己的身心健康，尤其影响到人际关系，包括和教练员的关系、和队友的关系。因此，我们选择并测试了"成人 Nowicki – Strickland 内 – 外控制量表"，希望能够帮助教练员更好地了解运动员的归因风格，能够帮助运动员更好地了解自己的归因风格，从而为更好地解决归因偏差提供参考。

（二）量表介绍①

心理控制源是指可以用来解释为什么有些人会积极、愉快、主动地应付困难处境，而同时另一些人则表现消极态度的一种假想的内心状态。"心理控制源"来自罗特（Rotter）的社会学习理论。在该理论中，心理控制源被认为是有关个人性格或行动与事件结局间关系的泛化性期待。外在控制（外控）是指结局不由个人努力所决定的一种普遍信念；内在控制（内控）是指认为事情结局与个人努力相一致。大量研究表明，外在控制与焦虑、抑郁情绪有关，外在控制性强的人更难应付紧张的生活环境；而一个内在控制强的人能够较积极地追求有价值的目标，较多地投身社会活动，求知欲强、有灵活性、更有主见，幸福感也较常见。

---

① Nowicki, Duke. 成人 Nowicki——Strickland 内 – 外控制量表 [J]. 中国心理卫生杂志，1974：273 – 275.

"成人 Nowicki – Strickland 内 – 外控制量表"（Adult Nowicki – Strickland Internal – External Control Scale，以下简称 ANSIE 量表），是一种评定心理控制源的量表，它将心理控制源作为以内控、外控为两极维度的泛化期待进行了评定。ANSIE 量表是一个包括 40 个条目的自评量表，要求被试者以"是"或"否"来回答，分数越高表示越倾向外控。ANSIE 量表更适合于在非大学生人群中做心理控制源评定。分值范围从 0（内控）至 40（外控）。在大学生中，总分均值等于 9.1，标准差等于 3.9。非大学生成人中，总分均值等于 11.0，标准差等于 5.6。分半信度在 0.74 ~ 0.86 之间，重测信度在间隔 7 周时为 0.65，间隔 6 周时为 0.83，间隔一年时为 0.56。

（三）测试结果

19 名轮椅冰壶运动员的内外控得分，$M \pm SD = 12.52 \pm 4.78$，最低分 6 分，最高分 23 分。

①轮椅冰壶运动员的内外控得分略高于大学生（$M \pm SD = 9.1 \pm 3.9$）和非大学生成分（$M \pm SD = 11.0 \pm 5.6$），说明其整体外归因更加明显。

②当时正值宣布第一批被淘汰的运动员名单，从内外归因的结果来看，虽然通过 SPSS 统计分析软件进行非参数检验，Mann – Whitney 秩和检验的结果没有达到显著性水平，未被淘汰运动员的秩和为 86.50，被淘汰运动员的秩和为 103.50，$U = 31.500$，$p = 0.265 > 0.05$。但整体来看，被淘汰运动员的内外归因平均数更高一些。

向运动员反馈的 PPT 版本介绍及其测试结果如表 2 – 3 – 2 所示（表格的一行表示一张 PPT）。

表 2 - 3 - 2 "成人 Nowicki - Strickland 内 - 外控制量表" 测试结果

"成人 Nowicki - Strickland 内 - 外控制量表" 测试结果反馈

首都体育学院轮椅冰壶项目心理服务团队

2018 年 1 月 12 日测试，2018 年 1 月 18 日反馈

中体奥冰壶运动中心

内 - 外控制量表，测量什么?

测量心理控制源! ——内在控制? 外在控制?

心理控制源，可以用来解释为什么有些人会积极、愉快、主动地应付困难处境，而另一些人则表现出消极的态度。

积极心理学大家塞利格曼（Seligman）（1975）将外在控制定义为结局不由个人努力所决定的一种普遍信念，而内在控制则认为事情结局和个人努力有关。

内部原因是指存在于个体本身的因素，如能力、努力、兴趣、态度等；外部原因是指环境因素，如任务难度、外部奖励和惩罚、运气等。

内 - 外控制量表，科学性如何?

心理测量学指标

信度：稳定性，不同时间施测，结果基本一致

分半信度在 0.74 ~ 0.86 之间，重测信度在间隔 7 周时为 0.65，间隔 6 周时为 0.83，间隔一年时为 0.56

心理控制源为什么重要?

大量研究证实，外在控制与焦虑、抑郁情绪有关，外在控制的人更难以应付紧张的生活环境

而内在控制强的人，较积极地追求有价值的目标，更多地投身社会活动，求知欲强、有灵活性、更有主见、幸福感更强

心理控制源的上位概念：归因

归因（attribution）是指人们如何解释自己和他人行为的原因，是人对影响或解释其行为的因素做出结论的一种认知过程（McCabe & Dutton，1993）

理性归因

不期望的归因

成功→运气好→缺少情绪刺激，很少增加成功期望→缺乏趋向任务的倾向

失败→能力低→消极情绪，降低成功期望→缺乏坚持性，回避成就任务

期望的归因

成功→能力强→积极情绪增强，成功期望→趋向成就任务

失败→缺少努力→动机性情绪，维持较高期望→增强坚持性，趋向成就任务

归因训练

归因训练（attribution training）是指帮助人们清楚自身归因风格，形成更恰当的归因方式

可通过教育、测量、讨论、示范、咨询、强化矫正等方式实施

轮椅冰壶运动员外控得分

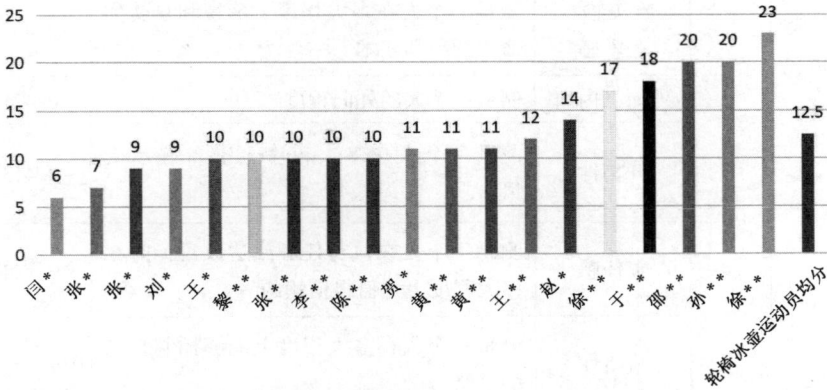

三、人格测试和归因风格的相关分析

工作结束之后，我们对运动员"跨文化（中国人）人格测评工具（第2版）"和"成人 Nowicki – Strickland 内 – 外控制量表"的得分进行了相关分析，结果如表2 – 3 – 3所示。

表2-3-3 人格量表和内-外控制量表的相关分析

族群	类别	人格因素	测量方向	相关系数
I.一般性格量表	因子I：领导性	新颖性	测量一个人在多大程度上喜欢尝试新事物和面对新挑战	-0.373
		多样性	测量一个人在多大程度上会尝试以不同的方式工作，以及寻找各式各样的体验和经历	-0.536*
		多元思考	测量一个人在多大程度上可以从多个角度审视并处理事件或问题	-0.314
		领导力	测量一个人在多大程度上拥有影响他人并且在做决定的时候担当领导地位的能力	-0.157
		理智-情感	测量一个人的思维和行为在多大程度上是客观或理性的	-0.504
		唯美感、艺术感	测量一个人在多大程度上珍视和享受生命中的美和艺术	-0.497
		外向-内向	测量一个人的外向程度	-0.421
		开拓性	测量一个人在多大程度上准备好承受风险	-0.413
	因子II：可靠性	责任感	测量一个人在执行任务或达成目标时在多大程度上是值得信赖的	-0.124
		情绪性	测量一个人在多大程度上能够控制自己的情绪	0.48
		自卑-自信	测量一个人自我否定和自卑的程度	0.553*
		务实性	测量一个人在多大程度上重视内涵多于外表	-0.02
		乐观-悲观	测量一个人在多大程度上对于生命和其他事物抱持着正面的看法。同时也测量一个人是否过分担忧或过于批判别人	-0.315

族群	类别	人格因素	测量方向	相关系数
	因子 II：可靠性	严谨性	测量一个人将多少注意力放在细节上，以及有多关心工作的素质	0.019
		面子	测量一个人在社交互动中对于维持体面的重视	−0.229
		内外控点	测量一个人在多大程度上将自己的经历和事情出现的原因归到自己身上	0.404
		亲情	测量一个人在多大程度上有团结家庭和负起家庭责任的意识	−0.276
	因子 III：容纳性	阿Q精神	测量一个人有多大程度的自我安慰精神	0.221
		宽容-刻薄	测量一个人在跟别人相处的时候有多友善，以及气量有多宽宏	−0.345
		容人度	测量一个人在多大程度上能够容忍跟自己不同的人	−0.718**
		自我取向	测量一个人对于团队工作的热诚，以及他是否愿意为了对共同目标做出贡献而放弃个人目标	0.635*
		老实-圆滑	测量一个人有多实诚，以及他有多忠于事实	−0.168
	因子 IV：人际性	传统-现代化	测量一个人现代化的程度，以作为他对于社会现代化的回应的一个指标	0.357
		人情	测量一个人在多大程度上遵从双向互动的传统法规，例如礼节、礼尚往来、维系和利用有用的人际关系等	−0.16
		人际敏感	测量一个人对他人的感受有多敏感以及有多强的同情心	−0.228

续表

族群	类别	人格因素	测量方向	相关系数
II. 临床量表	因子IV：人际性	纪律性	测量一个人有多重纪律及严格，而非懂得随机应变、有弹性或无所顾虑	0.355
		和谐性	测量一个人心平气和及知足的程度以及一个人跟别人的关系	-0.18
		节俭-奢侈	测量一个人喜欢储蓄而非花费的倾向，以及一个人花钱时的小心程度	-0.185
	因子I：情感问题	焦虑紧张	测量一个人感到恐惧、恐慌，以及表现出强迫症状的倾向	0.611*
		抑郁	测量一个人感到绝望及无助和萌生自杀念头的程度	0.493
		身体症状	测量一个人是否周身病痛以及有身心症	0.616*
		躯体化	测量一个人在多大程度上以身体形式来表现心理问题	0.538*
		性适应问题	测量一个人在多大程度上与异性关系不自在或有困难，对性事紧张或性压抑，以及性失调	0.548*
	因子II：行为问题	病态依赖	测量药物的滥用、成瘾行为、赌博习惯、试用毒品、酗酒、烟瘾、毒瘾	0.16
		兴奋性	测量一个人在多大程度上过度活跃、激动、坐立不安、不能自制、浮夸	0.276
		反社会行为	测量一个人有多倾向于违纪犯法、不守规则、做出破坏性行为、惹上法律麻烦	0.154
		需要关注	测量一个人情绪波动、戏剧化的程度	0.176
		脱离现实	测量怪诞经验、妄想、幻觉	0.281
		猜疑	测量一个人在多大程度上有被迫害的妄想，认为凡事与己关联，感到威胁	0.465

注：*表示在 0.05 水平上相关显著；**表示在 0.01 水平上相关显著；***表示在 0.001 水平上相关显著。

从相关的分析结果可以发现，运动员的外归因得分越高，就越易出现以下情况。

（1）Ⅰ. 一般性格量表中的因子Ⅰ：领导性当中，多样性因素上得分就会越低，两者呈现显著的负相关。换句话说，越外归因，越不愿意尝试以不同的方式工作，以及寻找各式各样的体验和经历。

（2）Ⅰ. 一般性格量表中的因子Ⅲ：容纳性当中，容人度因素上得分就会越低，两者呈现显著的负相关。换句话说，越外归因，越不能够容忍跟自己不同的人。

（3）Ⅰ. 一般性格量表中的因子Ⅲ：容纳性当中，自我取向越高，两者之间呈现显著的正相关。换句话说，越外归因，对团队工作的热诚程度越低，越不愿意为了对共同目标做出贡献而放弃个人目标。

（4）Ⅰ. 一般性格量表中的因子Ⅱ：可靠性，也就是Ⅱ. 临床量表中的自卑以及Ⅱ. 临床量表中因子Ⅰ：情感问题当中的焦虑紧张、身体症状、躯体化、适应性问题就会越严重。

虽然这一研究结果仅仅来自20名左右的运动员，结论或许并不稳定，但是这一结果对我们实践工作依然具有借鉴意义。根据相关的分析结果，一方面证明了临床心理学的一些结论，外归因是很多心理障碍包括情绪障碍和人格障碍的典型特征之一，同时也可以很好地解释教练员的一些疑惑，为什么很多运动员在人际交往当中出现很多问题，外归因这种不良的思维模式是其根本原因之一。

但遗憾的是，这个相关分析是在心理服务工作结束之后进行的，当时反应速度没那么快，也就没有针对外归因问题进行专门的心理教育，也没有采取更多的归因训练校正个别运动员的外归因思维模式。

四、工作结束后的一些思考

（一）心理测量及其选择

作为心理学的拳头产品，心理测验种类繁多，既有心理测量领域一般性的心理测验，例如比较成熟的智商测验、人格测验等，也有体育运动心理学领域积累的大量的心理测量工具等，两个领域心理测量工具的发展，为我们开展服务提供了很多方便，让我们的工作有一个抓手，一定程度上充当着运动心理工作者和队伍之间的沟通桥梁。

但是很多运动队、很多运动员比较反感做心理测试，尤其是纸笔测验，他们或者认为科研工作者来收数据了，或者干脆认为心理测验没用，这对心理测试工作提出了很大的挑战。

我们的感受是需要做好前期铺垫工作，对于心理测试的价值和重要性一定要宣传到位，而且需要结合队伍训练、比赛的需要，结合集训队伍从组建到成长、成熟的过程等因素来进行，让教练员、运动员认识到，进行这些心理测试可能会为工作带来哪些好处，以便争取教练员、运动员最大程度的配合。

（二）结果是否反馈的困境

最初进行各种测验时，我们曾经承诺会将测试结果反馈给运动员，从项目结束后最终的结果反馈情况看，内外归因的测试结果我们确实反馈给了运动员，并且将全体运动员的测试结果整合之后反馈给了教练员。但是人格测试的结果出来之后，我们发现个别运动员表现出较多的情绪问题和行为问题，面临这种情况，我们征求了教练组的意见，他们也担心运动员知道测试结果之后，反而会影响其训练情绪，而且结果出来的时间也在酝酿大名单的过程当中，是非常敏感的时期，考虑到可能造成的不良后果，最终人格测试的结果并没有向运动员反馈，等于违背了当初的承诺。

毫无疑问，人格测试对于运动心理学工作者了解运动员的人格特点、对于运动员了解自身的人格特点，以及为教练员对运动员的很多行为表现提供解释等都具有重要的参考价值，进行人格测试是非常必要的，但结果是否反馈，或者反馈到什么程度，还需要根据队伍的情况灵活把握。作为不对人格测验进行反馈的补偿，我们在服务过程即将结束的心理教育部分专门开辟了一个主题：轮椅冰壶运动员的积极心态，对积极心理学的积极心理品质展开进行了论述，并趁机对为什么没有反馈人格测试的结果进行了适当解释。

以后的研究者如果碰到类似情况，或许口风灵活一些更加合适，例如测试的目的在于增加对教练员、运动员的了解，测试结果会适当反馈，而不是说得那么死板，承诺一定要反馈，这样的做法或许更实事求是一些。

第四节　心理教育讲座

心理团队对轮椅冰壶项目、轮椅冰壶队伍熟悉了一段时间之后，不断调研队伍需求，针对运动员训练和比赛当中可能存在的心理方面需要加强的主题，跟教练员团队沟通之后，自 2018 年 1 月 20 日开始到 2018 年 2 月 27 日结束，38 天时间内共做了 6 次心理教育讲座，平均 6.3 天一次，每次心理教育讲座的时间、主题等如表 2-4-1 所示。

表 2 – 4 – 1　心理教育讲座的时间和主题列表

时间	主题
2018 – 1 – 20	轮椅冰壶运动员的压力管理
2018 – 1 – 23	轮椅冰壶运动员的放松训练
2018 – 1 – 31	轮椅冰壶运动员的注意管理
2018 – 2 – 1	轮椅冰壶运动员的团队建设
2018 – 2 – 22	轮椅冰壶运动员的有效沟通
2018 – 2 – 27	轮椅冰壶运动员的积极心态

每次心理教育讲座的总结都包括三部分内容：第一部分介绍了每次讲座的缘起或者讲座背景；第二部分介绍了每次讲座的内容梗概，前面的简短文字是讲座时 PPT 上呈现的内容，后面展开的解释是根据当时讲座的情况进行的简要补充；第三部分是比赛结束之后，我们对教练员、运动员进行了工作满意度调查，请他们对我们的心理教育讲座进行反馈，将反馈结果原汁原味地放在了这一部分。

需要补充的是，所有的心理教育讲座，都以圣雄甘地的名言作为结尾，这句话是笔者特别喜欢的一句话，也希望这句话可以为运动员未来的行动坚定信念、指明方向：

Be the change you want to see in the world.

（想让这个世界变成什么，你就去做什么。）

——莫罕达斯·卡拉姆昌德·甘地

一、轮椅冰壶运动员的压力管理

（一）讲座缘起

在社会生活中，人们会面临方方面面的压力；在竞技体育中，运动员也会面临方方面面的压力。所以近年来压力管理、心理健康、情绪调节之类的讲座主题在各行各业中都非常受欢迎，具有较强的普适性。同时，因为面临是否有分级、能否入选等重大问题，轮椅冰壶集训队的很多运动员面临的竞争压力比较大，个别队员甚至出现睡眠问题、轻度抑郁等情绪。

（二）内容梗概

重点介绍了压力的概念、压力来源、压力表现和压力应对策略。

1. 压力的概念

物理的压力：两个物体接触表面的作用力。

心理的压力：环境要求与自身应对之间不平衡所引发的身心紧张状态。

借助心理压力的概念，重点阐述了如下的逻辑关系：如果外界环境要求没有那么高，通常不会产生压力。如果个体自身应对能力比较强，同样不会出现压力。外界环境要求自己往往不能控制，自身应对能力属于可以控制的范围。在不能改变外界环境要求的情况下，提高自身应对能力就是最好的策略。

2. 压力来源

结合轮椅冰壶运动员的训练和比赛环境，介绍常见的压力来源。

（1）工作本身。工作超负荷与工作低负荷；生活和职业变化（工作丰富化、多样化，离职、裁员等）；工作关系（人际关系、性骚扰等）。

工作团队在接触轮椅冰壶队时，队伍每天通常都是两次训练，上午8：30—11：30，下午2：30—5：30，各3个小时，合计6个小时。除了常规训练之外，为了适应连续八九个小时的正式比赛节奏，还要组织多种形式的队内比赛，训练和模拟比赛的密度和强度都比较大。

9月份换冰的时候，为了增强体能储备，队伍还进行过大强度的体能训练，去过密云水库，去过雁栖湖景区，强度大、距离长，对运动员体能的消耗比较大。

（2）工作环境。社会变革加剧，组织和个人适应困难。全球化、信息时代、知识经济、网络影响、学习型组织、学习型社会等。

冰场本身温度比较低，通常维持在6℃左右，时间长了之后运动员血液循环就会不畅。平常运动员是配备暖宝的，放在衣兜里或者贴在内衣外侧，以增强保暖性能，临近比赛，中国残疾人体育运动管理中心还给运动员配备了专门的鞋子，具备发热功能。同时由于温度比较低，冰场空气非常干燥，工作团队待到后期，背部皮肤就会出现发痒的情况。

（3）身体。疾病、受伤等。由于运动员是残疾人，所以这个问题比较直接。轮椅冰壶集训队的运动员主要的残疾类型是小儿麻痹，也有高位截瘫，也有由于车祸导致的截肢，甚至是双大腿截肢。由于多年的残疾，行动不便问题已经基本解决，加上训练基地的无障碍设施比较完善，生活还是非常方便的。但是一个突出的问题是，小儿麻痹和高位截瘫的运动员一旦受伤，伤口很难愈合，常人一周左右伤口就可以结痂，但是残疾人运动员可能需要一个月的时间。残疾人运动员无意之间让残疾部位挨到暖气上，一旦被烫伤，就是个很麻烦的事情，需要很长时间去恢复。

（4）家庭。包括子女教育、子女抚养、照顾老人、配偶工作、家庭矛盾、离异等。

轮椅冰壶队的运动员的平均年龄较低，不到30岁，但是离异、结婚、恋爱、单身的人都有。有孩子的运动员还会牵挂子女教育，结婚的会思念亲人，恋爱的人就更不用说了，单身的也着急。

还有一个更突出的问题是，残疾人运动员的家庭条件普遍不好，生活压力比较大，很多运动员都想通过比赛改变人生命运，这也成为运动员落选之后情绪波动比较激烈的原因。

（5）其他。包括晋升机会少、工作场地拥挤、强噪声、过热、过冷、空气污染、缺乏安全保证、邻里关系紧张等。

这次集训是国内第一次组织如此大规模的轮椅冰壶集训，人员数量达 19 名之多（原定 20 名，一位运动员因为个人原因退出）。从人数上看，19 名运动员中最终只能有 5 名踏上奥运赛场，竞争是非常残酷的。比这种竞争更残酷的是，这是这些运动员第一次参加集训队，对这种残酷的淘汰形式还不适应，入选的运动员还好，落选的运动员就会很难接受，尤其是最后一批落选的运动员就会更难接受。

3. 压力表现

（1）情绪体验（感受）。压力下常见的消极情绪包括焦虑——为未来担忧；抑郁——为过去后悔，无趣、无望、无助；愤怒——想控制对方，"你凭什么不听我的?"等。

我们选择了三种典型的消极情绪：抑郁、焦虑和愤怒。简单介绍了三种消极情绪的典型逻辑。焦虑"活给未来"，抑郁"活给过去"，愤怒"活给对方"，为引出后续"活在当下"等压力应对策略奠定基础。

（2）内心想法、认知、思维。注意力不集中，感知范围狭窄；记忆能力减退（记不住事），头脑不清楚；思维速度、准确度下降，决策能力大打折扣。

这些词语都是根据普通心理学的基本概念，选择了其中典型的感觉、直觉、记忆、表象、想象、思维等心理过程。其中"傻""犯傻"等词语是教练员、运动员经常问责和自责的词语，放在这个地方也是希望能够选择他们训练和比赛当中的话语系统，从而跟队伍拉近关系。

（3）躯体表现。包括头痛、头晕、浑身酸痛、肌肉紧张；失眠、多梦、贪睡；食欲下降、体重减轻；性欲减退；腹泻、便秘、心慌气短、尿频尿急异常，出汗、耳鸣、易感冒等。

这些都是压力反应下典型的躯体化症状。所谓躯体化，就是这样一种现象：患者自觉有很严重的躯体症状，如头痛、乏力、失眠、身体不舒服、工作效率下降等，但经过相应的医学检查却没有发现明显的病理改变，又或者临床检查中发现的病理改变不足以解释患者自觉症状的严重程度。出现这种躯体化的深层次原因在于心理问题长期压抑得不到解决。

在查询资料过程中我们发现，李晓丽、毛家亮、何奔、郝芳（2008）修订的"躯体化症状自评量表"对于理解和监控运动员压力下的躯体化反应很有启发，可将指导语略作改动之后使用，详见表2-4-2。

表 2-4-2 躯体化症状自评量表

躯体化症状自评量表
指导语：日常生活中可能存在如下症状，如果能确切了解您的这些症状，就能给您更多的帮助，对训练和比赛有积极影响，请根据实际情况选择栏目中相关症状程度最严重的分值。 ①没有：不存在 ②轻度：偶有几天存在但尚能忍受 ③中度：一半天数存在或希望缓解 ④重度：几乎每天存在或比较严重

续表

发病时存在的症状（在相应的症状上打√，可多选）	没有	轻度	中度	重度
头晕、头胀、头重、头痛、眩晕、晕厥或脑鸣	①	②	③	④
睡眠问题（入睡困难、多梦、噩梦、易惊醒、早醒、失眠或睡眠过多）	①	②	③	④
易疲劳乏力、精力减退	①	②	③	④
兴趣减退、情绪不佳、怕烦	①	②	③	④
心血管症状（心慌、胸闷、胸痛、气短）	①	②	③	④
易着急紧张或担忧害怕，甚至惊恐、有濒死感	①	②	③	④
习惯操心、多思多虑，且易产生消极想法	①	②	③	④
不易集中精神，注意力下降或记忆力减退	①	②	③	④
胃肠症状（胃胀、胃痛、嗳气、食欲差、便秘、便多、口苦、口干、恶心、消瘦）	①	②	③	④
肌肉酸痛（颈部、肩部、腰部、背部、腿部等）	①	②	③	④
易悲伤或哭泣	①	②	③	④
手脚关节或身体某部位麻木、僵硬、抽搐、颤抖、怕冷	①	②	③	④
视物模糊、眼睛干涩、短期内视力下降	①	②	③	④
易激动烦躁、对声音过敏、易受惊吓	①	②	③	④
强迫感（强迫思维、强迫行为）或失控感	①	②	③	④
皮肤过敏、斑疹、瘙痒或潮红、潮热、多汗	①	②	③	④
常关注健康问题，担心自己或家人生病	①	②	③	④
呼吸困难、易憋闷、喜大叹气、咳嗽或胁肋痛	①	②	③	④
咽部不适、喉咙有阻塞感、耳塞或耳鸣	①	②	③	④
易尿频、尿急、尿痛或会阴部不适	①	②	③	④
得分				
对工作、学习、家庭关系及人际交往等造成的困难：没有、轻度、中度、重度 初始评分：基本正常≤29分；轻度30～39分；中度40～59分；重度≥60分				

（4）行为表现。疲乏无力、活动减少，动作迟缓；坐卧不安，紧张烦躁；酗酒、吸毒等适应不良行为；工作效率下降等。

在轮椅冰壶运动员中，吸烟的情况非常严重，即使局间休息时间短暂，很多男运动员都会跑到厕所猛吸几口。我曾经在讲座中点出这个问题，质疑过这种现象，但是教练员也曾经阐述过，因为吸烟认识了很多国家的运动员，语言沟通虽然不流畅，但是吸烟也是一种"国际语言"。

4. 压力应对策略

社会上流行的压力管理讲座往往会教授一些具体的策略，但是在笔者看来，这种做法从术的微观层面入手，只能治标不能治本，只见树木不见森林，短期或许有效，长期未必有益，所以必须从道的宏观层面入手，才能标本兼治，从根本上解决问题。基于以上思考，结合多年的积累，提供了八大策略，未必周全，先后顺序也可以调整，相对以往的教授具体策略的做法，笔者更倾向于这种思路。

（1）采取有效行动，创造性解决问题。之所以把这个放到第一位，是受到运动员压力应对方式的启发，首先是行为应对，其次才是认知应对和情绪应对等。遇到任何问题，只有勇敢面对，努力寻找办法，积极采取行动，迎难而上，才能从根本上解决问题。

（2）理性归结原因，积极心理定向。这应该属于认知应对的范畴，心理学不能改变现实，但能改变对待现实的态度。最典型的是下面这段话，简洁明了，意义深刻：

不能决定生命的长度，但可以把握它的宽度；

不能左右天气的阴晴，但可以改变自己的心情；

不能改变自己的容貌，但可以展现自己的笑脸；

不能控制别人，但可以把握自己；

不能预知明天，但可以利用今天。

（3）拒绝极端思维，看待问题周全。这个结论既来自认知行为疗法中对非理性思维的对立面——理性思维的思考，也来自公务员面试考官培训中，对综合分析要素的总结，只有看问题全面、深刻、系统，才不会走极端，才不会钻牛角尖。更详细的总结如下：

全面性：思路开阔，举一反三；

深刻性：目光深邃，掘地三尺；

前瞻性：立足过去，放眼未来；

大局观：立意高远，突破小我；

逻辑性：层次清楚，有理有据；

创造性：解决问题，新颖独特。

（4）增强心理韧性，提高心理灵活。心理韧性是近几年积极心理学受到广泛关注的研究主题，英文为 resilience，原本是物理学概念，指物体受到外力挤压时回弹，引申为面对严重威胁，个体的适应与发展仍然良好的现象。

心理灵活则来自认知行为第三浪潮典型代表——接纳与承诺疗法的思想核心。接纳与承诺疗法认为，六种基本过程导致心理僵化，称之为心理病理模型；与此相对应的六种基本过程导致心理灵活，称之为心理治疗模型。详细内容参见心理咨询部分对接纳与承诺疗法的介绍。

（5）学习理解尊重，学会接纳包容。这个主题主要是基于人际关系压力的思考，只有了解一个人的家庭背景甚至家族背景，了解一个人的成长历史，才能够更好地换位思考，脱离自我中心，更好地理解对方的行为方式和思维方式，才能真正理解对方。同样，只有了解世界的广阔、文化的多样、价值的多元，才能开阔心胸，放眼世界，放眼未来，才能更好地接纳与包容。

（6）觉察自身感受，全然活在当下。这部分内容完全来自近几年接受的系列正念训练的培训。我们认为，所谓正念，就是以观察呼吸、静坐冥想、行走冥想、身体扫描、瑜伽冥想、正念进食等活动形式为训练手段；通过对身体感受、情绪、想法等心理过程的不间断觉察，能够意识到自己习惯化的思维模式和行为模式；通过接纳而非改变心理世界，通过培养智慧和慈悲（或者爱），能够看到不同的可能性，并选择更合适的行为反应模式（也就是接纳与承诺疗法中的心理灵活性）；从而能够做到与自己、与他人、与世界和谐相处（卡巴金所谓的关系），过上丰富、充实、有意义的生活（接纳与承诺疗法中的价值），甚至更好地面对生死（终极关怀，来自康菲尔德的培训）。

（7）增长人生智慧，明确人生价值。智慧部分的思考同样来自正念训练的思考。在笔者看来，正念训练有两个终极目的，一个是培养慈悲，或者称之为大爱；另一个是培养智慧。这种大爱，既包括对物质的，也包括对精神的；既包括对人的，也包括对事的；既包括对自己的，也包括对他人的。对物质世界及其运行规律保持敬仰之情，对精神世界及其运行规律怀有崇敬之心，对人类社会及其运行规律抱有敬畏之心。

价值部分的思考来自接纳与承诺疗法的思想。在接纳与承诺疗法看来，价值缺乏是心理僵化的关键所在，而价值澄清是心理灵活的关键所在。所谓价值缺乏（lack of values clarity），是指个体受到经验回避行为的控制，难以和生活中真正重要的事物建立连接；所谓价值澄清（values clarity），是指个体明确所选择的生活方向，表现为生活中信仰什么，想成为什么样的人，想增强哪种优势，想发展何种品质等。接纳与承诺疗法六边形模型中的所有技术都旨在最终帮助来访者过上与自己选择的价值一致的生活，由此可见，价值是接纳与承诺疗法的灵魂所在。

（8）提高心理素质，加强心理训练。考虑到后续要进行心理技能训练的相关讲座与训练，为了做好过渡，为后续工作奠定基础，所以在本次讲座末尾稍微提了一下心理技能训练，后面紧接着的两个讲座主题就是放松训练和注意集中训练。

（三）运动员反馈

讲座之一"压力管理"，反馈有帮助的人数：16 人。

- 别给自己太大压力；
- 凡事不管怎么发展，都会有好的方向等着你；
- 让我能调节压力；
- 有效的方法调节自己；
- 找到适合自己的解压方式；
- 学会缓解一部分压力；
- 学会了适当放松压力；
- 缓解压力；
- 懂得了适当放松地缓解自己的压力；
- 非常好，帮助我取得了冠军；
- 帮我减少压力；
- 人可以处理压力，但是压力不能掌控你我；
- 采取有效行动，创造性地解决问题。

二、轮椅冰壶运动员的放松训练

（一）讲座缘起

在之前的压力管理讲座中稍微提了一下放松训练，但是留的时间较少，宣传力度不够，没能讲透。还有一个重要的考虑，主教练岳清爽以前是中国女子冰壶队的主力队员，在队期间接触过生理相干与自主平衡系统（self-generate physiological coherence system，SPCS），征询讲座主题的意见过程中接连三四次提到"菩提树"（生理相干与自主平衡系统中的一种练习方法），她估计教练员、运动员也会喜欢，希望我们能够给运动员讲一讲。除此之外，笔者近几年也学习过很多正念放松技巧，也想借机传播一下正念，为后续有机会进行正念干预奠定基础。多方面考虑，故而专门增加了一次心理教育讲座，专门介绍放松训练。设计课程的时候，考虑到需要让教练员、运动员能够上手，学生自己进行放松训练，所以在讲座当中增加了一些实操性的内容。

（二）内容梗概

介绍了常用的六种放松训练模式。

1. 腹式呼吸放松

腹式呼吸是最有效的放松技巧之一。做腹式呼吸的时候，通过扩张和收缩腹部肌肉来吸气和吐气，同时保持胸部静止。腹式呼吸能吸入最多的氧气，并能刺激副交感神经系统，长期坚持有助于放松、安定神经、改善专注力。

腹式呼吸的关键是，无论是吸气还是呼气都应该达到极限量，即以吸到不能再吸，呼到不能再呼为准，同理，腹部也要相应收缩与胀大到极点。

2. 观察呼吸放松

观察呼吸是正念训练的经典活动之一，指导语差别也比较大，仅列举一种如下。

观察呼吸练习指导语

第一步，调身。找一个舒适的位置坐下来，可以坐在地板上，在臀部放上一块柔软的坐垫，双膝着地是比较理想的姿势，虽然一开始可能不太做得到；调节垫子的高度，让自己感觉比较舒服和稳定。让你的身体处于正直、放松而自然的姿势，这样你会感到舒服而稳定。轻轻闭上双眼。

第二步，觉察身体的状态。将注意集中在身体和地板或者其他物体接触的触感和挤压感上面，也就是去觉察自己的生理感觉。用一到两分钟去探索这些感觉。

第三步，观察呼吸的感觉。现在把你的注意力放到腹部的生理变化上面来，像躺着的时候那样，观察你的腹部随着每一次的吸气和呼气所产生的起伏。关注每一次吸气时腹部肌肉的伸展，每一次呼气时腹部肌肉的收缩。尽量把注意力停留在腹部，体会在整个吸气和呼气的过程中腹部的生理感觉变化，还有在一次吸气和呼气之间的过程中腹部的生理感觉变化，还有在一次吸气和呼气之间的短暂停顿以及一次呼气和吸气之间的短暂停顿的感觉变化。你不需要通过任何方式去控制呼吸的节律，只要让身体自然地呼吸就可以了。

第四步，妥善处理思维的游离。我们的思维迟早会从腹部呼吸的感觉中游离开来，陷入想法、计划、白日梦或者漫无目的的游荡。但是，不论发生什么，不论你的思维是被拉走还是被什么吸引，都不必紧张。思维的游离或被别的事情吸引都是很正常的事，既没有犯什么错误也不能算是练习失败。当你注意到自己已经不再关注呼吸运动的时候，你应该感到庆幸，因为你终于又回来了，再一次回到了觉察之中。你可以简单地整理一下刚才的所思所想（留意自己的思维过程，并做一个简单的记录："想法、想法"或者"计划、计划"或者"担心、担心"）。然后，轻轻地把注意力拉回到腹部上面来，再一次关注吸气和呼气的感觉。

不论思维游离的次数有多么频繁（其实，这经常会发生），你只需要每一次都留意思维偏离的方向，并把注意重新拉回到呼气和吸气的生理感觉上来。

尽量宽容地对待我们的觉察，把思维的游离看成培养耐心和宽容的机会，对生活报以更大的慈悲和同情。

第五步，坚持练习。最初练习可以持续10分钟左右，也可以根据自己的意愿坚持得稍久一点。不断地提醒自己要把注意力放在对经验的觉察上，尽量用呼吸作为连接此时此刻的纽带——当思维游离时，当你无法体验到腹部的感觉和呼吸运动时，通过对呼吸的觉察让思维重新回到当前的状态中来。

3. 身体扫描放松

身体扫描同样是正念训练的经典活动之一，主要的指导语列举如下。

身体扫描练习指导语

（1）请找一个温暖而不会被打扰的地方，仰面舒适地躺下来。你可以选择躺在地板的垫子或者地毯上，也可以躺在自己的床上。然后，轻轻地闭上眼睛。

（2）花一点时间去觉察呼吸的运动和身体的感觉。当你准备好了的时候，将觉察放到身体的生理感觉上，特别是身体所接触的地板或者床垫带来的触感和压力。随着每一次的呼吸，让你的身体更加沉入垫子或者床垫里。

（3）为了集中意志，你要提醒自己这是一个"进入清醒"的时间，而不是"进入睡眠"的时间。此外，还要提醒自己，不论当前的情景如何，你要做的只是单纯地去觉察当前的时刻。这个练习并非要你改变体验世界的方式，也不是让你变得放松或者冷静，它的目的是让你系统性地对身体的每一部分轮流进行关注，然后能够觉察到所有的感官（包括之前觉察不到的感官）。

（4）现在把你的注意力放到腹部，随着呼气和吸气进行，注意腹壁的起伏变化。用几分钟的时间去注意腹部随着吸气而膨胀，随着呼气而收缩的情形。

（5）在保持着对腹部觉察的同时，把注意的焦点转移到左腿，顺着腿部一直到脚部，然后再延伸到每一个脚趾上面。依次关注每一个脚趾，用轻轻的、好奇的、温柔的注意去探索你的感觉，也许你会注意到脚趾之间瘙痒、温暖或者麻木的感觉，也可能什么感觉都没有，不论怎样，用心去感觉就行了。事实上，不论你体验到的是什么，你已经活在当下了。

（6）在准备好的情况下，尝试在每一次吸气的时候，体会或者想象气息进入肺部之后顺着流向全身，通过左腿一直到达左脚的脚趾。而在呼气的时候，则体会或者想象气息从脚趾和脚上面流回来，顺着左腿和躯干从鼻孔里面出去。用这种方式呼吸几次，每一次的吸气都直灌脚趾，每一次的呼气也都从脚趾开始回流。当然，要进入这种状态有一定的难度——你只要尽量去尝试这种"深度呼吸"的练习，慢慢地就能接近那种状态。

（7）现在，当准备好了之后，在某次呼气的时候，把注意力从脚趾转向左脚的底部——轻轻地去探索脚掌的感觉，然后是脚后跟（比如，你可以注意脚后跟与垫子或者床接触的感觉）。尝试着让"呼吸灌注"到所有的感觉——在探索脚底的感觉时，把呼吸作为一种觉察的背景。

（8）现在把注意力放到脚的其他部位——脚踝、脚背以及骨头和关节。深深地吸一口气，让气息灌注于整只左脚，然后随着气息的吐出，将注意力从左脚上完全移开，再依次转移到左腿的小腿部分——腿肚、胫骨、膝盖等。

（9）继续扫描全身，依次在身体的某个部位停留一段时间：左小腿、左膝盖、左大腿；右脚趾和右脚以及右脚踝、右小腿、右膝盖、右大腿；盆骨部位——大腿根部和臀部；下背和腹部，上背和胸部以及肩部。然后我们转移到手部，首先放松手指和拇指的感觉，然后是手掌和手背，小臂和肘部，还有上臂；然后又回到肩部和腋下；脖子；脸部——下颌、嘴巴、唇、鼻子、脸颊、耳朵、眼睛、前额；然后就是整个头部。

（10）当你注意到身体的某个部位有紧张的感觉时，你可以通过"深度呼吸"来消除这种感觉——首先通过吸气，把注意力放到那个部位，尽量去体会它的感觉变化，然后随着每一次的呼气使它慢慢放松下来。

（11）思维有时难免会从呼吸和身体上游离开。那是很正常的事情，也是思维的一个特点。当你发现这种情况时，请承认它的合理性，并留意思维的去向，然后把注意力拉回到你原来关注的部位。

（12）当你用这种方式扫描完全身之后，花几分钟的时间体会一下全身的感觉，以及气息在身体自由来去的感觉。

（13）此外，对于大部分长期轻度失眠的现代人来说，有一点非常需要注意，因为我们是在躺着的状态下进行全身扫描的，因此，很容易就会睡着。如果你发现自己要睡着了，可以用枕头把自己的脑袋垫起来，睁开双眼，或者采取坐姿来进行这个全身扫描练习。

4. 松紧身体扫描放松

即渐进性放松训练方法，是由美国心理学家雅克布森于1932年提出来的，以后又进行了一定的修改。其基本方法是首先让练习者找到一个舒适的位置，然后帮助他获得从身体某个部位到另一部位，直至全身各部位肌肉紧张、放松的精确感觉。例如，首先要求练习者"尽可能收紧某块肌肉"，体会肌肉收缩的感觉；然后让其放松，再体会肌肉松弛的感觉；接着要求练习者收紧、放松身体另一部位的肌肉。一块肌肉、一个部位肌肉群的紧张、放松交替进行，直至将全身的肌肉都紧张、放松。每一次紧张、放松肌肉时都要仔细、认真地体会。

5. 想象放松

想象放松法主要通过唤起宁静、轻松、舒适情景的想象和体验，来减少紧张、焦虑，控制唤醒水平，增强内心的愉悦感和平静感，进而达到放松目的的方法。

想象放松的主要方法

（1）"混凝土"练习。练习者轻轻闭上双眼，在头脑中想象自己躺在床上，两条腿变成了混凝土做的；再想象两臂和两手也变成混凝土做的；两腿、两臂和两手都非常沉重，慢慢沉到床里面去了。

（2）"气球"练习。轻轻闭上双眼，想象自己的身体变成了气球，里面充满了气。手、脚、躯体上都有控制气体出入的阀门。想象自己打开了腿上的一个阀门，气体从腿中慢慢漏出，腿开始变得绵软、无力，气漏完了，两腿瘫了下去；接着，想象打开两臂上的阀门，随着空气漏出，两臂变得绵软而无力；再想象打开胸部的阀门，躯干开始漏气，也变得绵软、无力。最后，整个身体都泄了气，松软而无力。

（3）"海滩"练习。轻轻闭上眼睛，想象自己正躺在大海边的沙滩上，海风轻轻地吹拂着自己的身体，海浪轻轻地、有节奏地拍打着海岸，温暖的阳光照在自己的身上，非常舒适。不断地想象海浪有节奏地、"哗""哗"地拍打着岸边，自己的心情很平静、愉悦。

（4）"小溪"练习。轻轻闭上双眼，想象自己正漫步在清晨的小溪旁，小鸟在轻声地鸣叫，小溪中的流水在缓缓地流动，小草上挂着露珠，四周静悄悄的，非常安静。

（5）"日落"练习。轻轻闭上双眼，想象自己正坐在一艘船上看日落，海面非常平静，没有浪，船在海上慢慢地航行，太阳一点一点地下落，离远处的海面越来越近；太阳接触到了海面，一点一点地下沉，落入了海里；天色一点一点地暗下来，海面上非常沉静。

6. 生物反馈放松

生物反馈训练是在电子仪器的帮助下，提高个体控制植物性神经系统活动能力的过程。通常，个体并不能感觉自己的生理活动情况，但是，生物性电子仪器可以将身体内部的生理活动信息加以放大，并以视听形式呈现给被训练者，使个体了解自身状态，并随意地控制和矫正不正常的生理变化。

生物反馈放松训练能克服放松练习的盲目性，加速放松训练的过程，提高放松训练的效果，并为监测放松的效果提供客观的指标和准确的数据。

生物反馈的种类主要有：脑电反馈、肌电反馈、心率反馈、呼吸反馈、血压反馈、皮肤电反馈、皮温反馈等。个体可以根据自己的身心反应特点选择最适合自己的生物反馈方法。

利用生物反馈技术控制某一生理活动的过程是一个学习过程。学习者必须了解生物反馈的原理、仪器的使用方法、视觉或听觉形式反馈信号的意义，坚持长期系统练习，探索成功的经验和失败的原因。生物反馈技术与放松方法的结合构成了生物反馈放松训练。该方法的练习成效，取决于反馈指标与方式的选择、目标的设置和对进步的正确强化。

生物反馈放松达到一定效果后，应逐渐摆脱对反馈仪的依赖，凭练习者自己的感觉进行身心活动的放松。

（三）运动员反馈

讲座之二"放松训练"，反馈有帮助的人数：17人。

- 调节呼吸，如何放松；
- 放松技巧；
- 能平复心情；
- 冥想，呼吸；
- 积极自我暗示，腹式呼吸，生物反馈练习；
- 学会更适当地缓解自己的压力了；
- 如何分散放松；
- 给了我一个锻炼自己快速放松的方法；
- 对待奥运会没有那么大的压力；
- 学会放松；

- 在紧张时怎么放松；

- 活在当下，别的都是瞎想；

- 腹式呼吸；

- 学习放松的方式方法。

三、轮椅冰壶运动员的注意管理

（一）讲座缘起

开题之初，专家就讲到了轮椅冰壶项目需要高强度注意力的问题，接触项目之后更是深刻体会到了这一点，所有的成败都依赖于瞬间发力，对轮椅冰壶运动员的注意控制提出了很高的要求。

而且接触项目一段时间之后发现，轮椅冰壶不仅是注意集中问题，还有注意迅速转换问题，例如，不能因为上一壶的失误而影响下一壶的动作。

注意也是正念训练的核心要素之一，注意的品质应该渗透到训练和比赛的方方面面。

（二）内容梗概

介绍了注意的定义、注意的类型和注意训练。

1. 注意的定义

重点强调是否注意到自己每天的情绪变化，是否注意到自己习惯化的思维模式，是否注意到自己习惯化的行为模式，等等。

2. 注意的类型

介绍了罗伯特·奈德弗的注意类型理论，包括注意的范围（狭窄和广阔）及注意的方向（外部环境和内部感受）。

重点结合轮椅冰壶运动，运动自始至终都需要哪种类型的注意，包括各种情境，例如读冰、投壶前、投壶中、投壶后、每局比赛、每场比赛、各场比赛之间都属于哪种类型的注意。

3. 注意集中训练

重点介绍了下面六种方法，都是运动心理学中司空见惯的注意集中训练方法，在此不再赘述。

（1）注视表针练习。

（2）视觉守点。

（3）听觉守音。

（4）最小声音分辨练习。

（5）利用呼吸集中注意。

（6）利用想象集中注意。

并建议运动员寻找适合自己的注意集中训练方法。

（三）运动员反馈

讲座之三"注意管理"，反馈有帮助的人数：9人。

- 时刻控制好自己的情绪；
- 集中注意力；
- 注意力的集中；
- 让我从心里得到了升华；
- 讲究正念；
- 在比赛中有时注意力太集中在一个点上；
- 老师讲完要把注意力分配好。

四、轮椅冰壶运动员的团队建设

（一）讲座缘起

时间契机：四人大名单已经浮出水面，八人团队也将奔赴加拿大集训。

队内氛围：第一阵容四人团队之间出现了一些问题，两个省份运动员之间的沟通明显不够流畅，每个省份内部运动员之间无话不谈，沟通没有障碍，但是两个省份之间的运动员始终存在一种隔阂，过度关注对方的感受，说话做事都会有所顾忌，有话不敢说，怕得罪对方。在这种情况下，借助外训之前，我们进行了分组的团队建设，目的在于增强队伍凝聚力，提升队伍战斗力。

团队建设的讲座和团队建设的活动、座谈以及测试等共同构成了第六章——团队建设的主题内容，考虑到心理教育讲座的完整性，将讲座部分放在此处介绍，将其他部分放入第六章——团队建设部分介绍。

（二）内容梗概

1. 大众版的团队特征

作为导入，以《西游记》的唐僧师徒四人团队、《三国演义》的刘关张三人团队、《八仙过海》的八人团队、美国男子职业篮球联赛公牛队的乔丹、皮蓬、罗德曼团队等为例，首先介绍了一个团队通常具有的特征：

（1）清晰的目标。

（2）互补的技能。

（3）合理的人数。

（4）高度的忠诚。

（5）相互的信任。

（6）良好的沟通。

（7）适当的领导。

（8）最佳的绩效。

（9）肯定与欣赏。

（10）高涨的士气。

2．目标设置的原则和步骤

借助讲述上面第（1）条：清晰的目标，在铺垫了平昌冬残奥会夺牌的愿景之后，介绍了目标设置的原则和步骤。详见表2－4－3。

表2－4－3　目标设置的原则和步骤

目标设置的原则	目标设置的步骤
①具体的、特定的 ②可测量的 ③可实现的 ④与工作相关的 ⑤有时间限制的	①任务分析 ②选择测量指标 ③基础值测量 ④设置目标阶梯 ⑤理解并接受目标

3．四种不良沟通资态

借助讲述上面第（6）条：良好的沟通，以图文并茂的形式介绍了四种不良的沟通姿态。并请教练员、运动员进行批评和自我批评，反省在训练和比赛过程中在自己身上都存在哪些不良的沟通姿态。详见表2－4－4。

表 2 - 4 - 4　四种不良沟通资态

姿　态	情　感	行　为	内在体验	生理效应
讨　好	祈求：我很无助	殉道式的依赖：道歉、强求宽恕与原谅	"我一无是处，我毫无价值"	上部消化道不适：胃疾、恶心呕吐；尿病；偏头痛；便秘
指　责	指责：很有权威的样子	攻击：批判、独裁、吹毛求疵	"我孤独而失败"	肌肉紧张；背部毛病；循环系统障碍；高血压；关节炎；便秘；气喘
超理智	严厉、疏离	权威十足	"我感到脆弱并被拒绝""我不能露出任何感觉"	分泌性干润疾病；单核白血球增多症；心脏病发；背痛
打　岔	混乱不清、心不在焉	转移注意力	"没有人在乎我""这里根本没有我的位置"	中枢神经系统受扰；胃病；眩晕呕吐；糖尿病；偏头痛；便秘

4. 团队特征

借助团队建设讲座的机会，我们也初步总结了轮椅冰壶队的团队特征：

（1）冰上国象，体智同商，一发全身，变幻万千。

（2）共享愿景，细化目标，落实行动，飞燕衔泥。

（3）了解冰场，确定点线，运筹帷幄，胸有成竹。

（4）了解队友，求同存异，彼此信任，高度凝聚。

（5）分工明确，密切协作，各司其职，彼此支撑。

（6）良性互动，无缝沟通，正面激励，拿捏火候。

（7）了解对手，扬长避短，互相牵制，战略较量。

（8）兵来将挡，水来土掩，因势利导，灵活多变。

（9）个性彰显，文化形成，士气高涨，特色鲜明。

（10）怀揣结果，抓住过程，瓜熟蒂落，水到渠成。

（三）运动员反馈

讲座之四"团队建设"，反馈有帮助的人数：11 人。

- 彼此信任；

- 懂得团队的重要性；

- 团队的重要性；

- 敞开心扉，了解队友；

- 帮助我和我的团队做到心心相依；

- 让团队更和谐；

- 缺一不可，但是可以缺一，有容乃大；

- 在听完这堂课，我们在团队中少了很多指责，多了好多理解。

五、轮椅冰壶运动员的有效沟通

（一）出发点

本来就要进行人际沟通的讲座，因为队伍从加拿大集训归来（2 月 15 日，除夕夜归来）之后，运动员之间的沟通还是存在障碍，不够流畅。另外，由于比赛临近，教练员明显着急，出现一定程度的赛前焦虑，由此导致运动员和教练员之间的沟通也不够稳定。加之大名单宣布之后，有运动员质疑选拔的公平性和公开性，无效沟通极其明显，在这种情况下，因势利导，做了这次讲座。

（二）内容梗概

第一，强调了人际沟通的重要性以及人际沟通的不同层次。其重要性主要体现在：互通信息有无，寻求情感支持，提高自我认识，改善知识结构，提高能力水平，修正经验态度等。不同的沟通层次则体现为：一般性沟通、事务性沟通、分享性沟通、情感性沟通和共鸣性沟通等。队员的信任程度和参与程度越来越高。

第二，介绍了人际沟通的要素，包括信息发出者、信息接收者、信息与噪音、沟通渠道、反馈、环境等。根据我们发现的教练员和运动员、运动员和运动员之间人际沟通中存在的不足之处。

信息发出者部分，我们强调了主动沟通和被动沟通、避免读心、不沟通本身也是一种沟通等。

信息部分，我们强调了内容分析、形式分析、目的分析、效果分析等语言的艺术。

渠道部分，我们指出了轮椅冰壶队不同渠道的沟通中（正式沟通、非正式沟通、场上沟通、场下沟通等）所存在的问题。

信息接收者部分，我们重点强调了聆听和目光接触。反馈部分，我们重点强调了有无反馈和反馈过快或过慢问题。

噪声部分，我们就王海涛的"听音"问题进行了解释。

环境部分，我们就这次平昌冬残奥会的特殊性进行了分析，包括社会环境和心理环境。

信息发出者＋信息接收者部分，我们强调了角色定位、换位思考、人际交往的期待效应、人际交往的自尊、自信等。

讲座结束部分，我们指出了两点。①成功四人帮：高人指点、贵人相助、小人监督、个人奋斗（来自邢文华，北京体育大学原副校长）。②努力三目标：说话让人喜欢，做事让人感动，做人让人想念。

（三）运动员反馈

讲座之五"有效沟通"，反馈有帮助的人数：11人。

• 团队人际的沟通；

• 知道了面对一些事要学会去沟通以及怎样去沟通；

• 换一个对方更能接受的方式；

• 如何用有效的方法沟通；

• 和教练员、队友彼此心与心的交流；

• 积极有效的沟通才能更好地比赛；

• 真情实感，不存戒心；

• 这个在比赛中给了我们好多帮助，沟通让我们在比赛中少了不好的语气。

六、轮椅冰壶运动员的积极心态

（一）讲座缘起

本来计划在队伍解散之前开一场职业生涯规划讲座，但是考虑到特殊人群，我们对他们的职业生涯发展并没有太多的储备，讨论一些常见的因素，包括职业能力、职业兴趣、职业人格等实际上并没有多大助益。

同时，大名单宣布之后，很多运动员就要离开，本来计划请落选运动员进行陪练，但是很多人已经明显心不在焉，非常影响主力阵容的训练积极性，影响队伍氛围，需要进行较大强度的心理安抚。

两者相结合之后，作为送别时的礼物，也算我们对这次集训做一个总结，对未来生活进行展望，于是便有了这次心理教育讲座。

（二）内容梗概

第一，介绍了从"消极心理学"到"积极心理学"转变的历史，介绍了积极心理学的代表人物马丁·赛里格曼（Martin Seligman）和积极心理学的研究范畴（主观层面的积极体验、情绪，个体层面的积极心理品质和组织层面的积极环境建设）。

第二，主观层面的积极体验、情绪。要点包括：①对待消极情绪，从改变到接纳的态度转变。②情绪与思维的关系，介绍了美国心理学家 Alice 的情绪调节 ABC 理论。③介绍了消极思维和积极思维，乐观主义和悲观主义——从监狱的窗子望出去，有人看到的是满眼的泥泞，有人看到的是满天的星星。④介绍了 3 类 12 种消极思维、非理性思维。⑤介绍了积极思维品质，包括空间维度和时间维度，也包括辩证唯物主义的视角。⑥消极情绪的积极意义及认知行为疗法（acceptance & commitment therapy，ACT）的心理灵活模型等。

第三，个体层面的积极心理品质。结合轮椅冰壶的项目特点和轮椅冰壶队伍中存在的鲜活案例介绍了消极心理品质（主要是 ABC 组人格障碍）和积极心理品质（6 类美德 24 种品质）。

第四，积极心态的价值。对过去——满意地对待过去；对现在——幸福地感受现在；对未来——乐观地面对未来。也就是，不念过去，不畏将来，活在当下。

（三）运动员反馈

讲座之六"积极心态"，反馈有帮助的人数：12 人。

- 要积极；

- 同样一件事用积极的心态去看待；

- 正面面对；

- 如何保持一个积极的心态；

- 调整好自己的心态，改善了自己很多缺点；

- 学会积极心态；

- 只有拥有积极的心态才能认真地分析和保持专注；

- 信必成；

- 听完这一次讲座，让我知道处理事情的一些心态的调整。

第五节　心理咨询

一、心理咨询情况梗概

根据以往的知识积累，开展运动员咨询工作，心理团队主要运用认知行为疗法第三浪潮的典型代表——接纳与承诺疗法对运动员、教练员、工作人员所面临的心理困惑进行心理咨询与辅导，对入选运动员进行心理建设，对落选运动员进行心理安抚。

自 2018 年 1 月 12 日开始到 2018 年 3 月 1 日结束，49 天、7 周时间里合计咨询 19 人次，总时长 1259 分钟，每次平均咨询时长 66 分钟，如表 2－5－1 所示，还有一些零散的交流没有计入其中。

表 2 - 5 - 1 个体心理咨询列表

序号	时间（2018 年）	来访者	心理困惑	时长/分
1	1 月 12 日	H＊＊	遇到情感困扰，出现睡眠障碍，影响训练质量	55
2	1 月 12 日	Z＊	倾诉与陪伴需求，介绍自己的业余爱好、学习历程和成长经历	54
3	1 月 13 日	S＊＊	（1）训练营比赛成绩不好，自信心受到打击 （2）出现归因偏差，和教练员、运动员相处困难 （3）遭遇人际关系困扰，出现抑郁情绪，影响睡眠质量和训练质量	75
4	1 月 16 日	L＊	（1）没有进 8 人名单，情绪波动较大 （2）质疑队伍选拔公平性，团队意识受到质疑，训练积极性受到打击	75
5	1 月 21 日	L＊＊	（1）收获：训练时间较长，配备比较全面，包括体能训练和心理服务，心理讲座很有收获 （2）不足：质疑选拔过程公平性，怀疑教练员专业性不够，运动员技术不全面 （3）未来职业生涯，自己不打算继续从事轮椅冰壶运动	60
6	1 月 21 日	Y＊	（1）换组之后，感觉不受重视，情绪不好 （2）收获：半年来，比赛去了好几个地方，技术长进，对队友的性格、技战术都比较了解	70
7	1 月 22 日	X＊＊	（1）因训练伤病复发，加上被淘汰，情绪波动大，训练积极性不高，跟队友的配合不太好 （2）练冰壶只是为了生存，如果不练的话，可以先放松一段时间，再另外学手艺谋生	70

续表

序号	时间（2018 年）	来访者	心理困惑	时长/分
8	1 月 22 日	H＊＊	（1）作为指挥，心理压力大，容易紧张，头脑发热，注意力分散，失误多 （2）之前练过其他运动项目，但都没有坚持练下去，很有挫败感，期望在冰壶项目上取得成绩 （3）家里负担不小，但家人支持，反思自己太过懒散，训练不够认真	105
9	1 月 26 日	Z＊	（1）因为受伤，在家待了 10 年，自我评价较低，怀疑自己，在意别人的看法 （2）自己要坚持训练，迎接接下来的比赛	30
10	1 月 26 日	Z＊	（1）离队之前的不舍 （2）担心孩子的教育问题，离婚，孩子由父亲带，但孩子不喜欢与父亲沟通	75
11	1 月 31 日	X＊	（1）工作人员，离婚十多年，带有一个 13 岁的孩子 （2）现在感觉对人失去信任，脾气变得暴躁，且容易走神 （3）现在最担心孩子在北京的上学问题	125
12	2 月 2 日	Z＊＊	家庭教育问题，媳妇容易脾气暴躁，希望给孩子最好的教育，将孩子转去更好的学校	35
13	2 月 4 日	S＊＊	落选赴加拿大外训 8 人名单，遭受抑郁情绪困扰	90
14	2 月 18 日	C＊＊	投壶技术下降，失误多，心态差，压力大	30
15	2 月 23 日	C＊＊	技术持续不稳定，情绪很差，身体抵抗力下降，开始出现感冒等生理症状	30

序号	时间 （2018 年）	来访者	心理困惑	时长/分
16	2 月 27 日	Z＊＊	大名单公布，情绪波动较大，感觉无能为力，"已经这样了"	115
17	2 月 28 日	Y＊＊	大名单公布后，前期表现不错，受落选队友影响，出现较大情绪起伏，跟教练员抱怨	15
18	3 月 1 日	H＊	落选，安抚，讨论未来的生活计划	90
19	3 月 1 日	Y＊＊	发泄需求强烈，主动找心理老师咨询倾诉	60
			总时长	1259
			平均时长	66

二、对运动员进行心理咨询

主动来咨询的人员既包括入选第一阵容的运动员，也包括第一次落选的运动员和第二次落选的运动员，还包括运动队的工作人员、服务人员。

主要咨询内容既包括落选后的情绪障碍（例如抑郁、失眠）、认知障碍（外归因，质疑选拔公平性、透明性），也包括入选后担心打不好的焦虑情绪，还包括失恋之后的情感障碍，甚至有极个别运动员遭受严重抑郁情绪的困扰。

尤其需要提到工作重心的问题。一开始我们以为，入选运动员的心理建设是工作中的重中之重，但事实表明，落选运动员的心理安抚同样不可忽视。第一批落选的 9 名运动员，尤其是没有国际分级的 6 名运动员当中，会有人抱怨没有获得出国参赛获取国际分级的机会，而有国际分级却第一轮就落选的运动员会质疑选拔的公平性。同样，第二轮落选的运动员更会严重地质疑选拔过程的公平性，即使教练员再三解释，即使我们费尽九牛二虎之力，也很难改变其思想。即使教练员、残联领导、国家领导等都强调放眼 2022，也很难发挥作用。而且要命的是，落选运动员会出现强烈的情绪反应，例如就出现了集体犯病事件，以及消极抵抗情绪，这些都严重影响到主力阵容的情绪稳定和队伍整体的氛围。

三、对教练员的心理疏导

2017 年的中国轮椅冰壶集训队教练组由岳清爽、李建锐和茹霞三位教练组成。总教练岳清爽，1985 年 10 月生，黑龙江哈尔滨人，中国女子冰壶队原二垒，就读于哈尔滨体育学院。和队友王冰玉、柳荫、周妍、刘金莉合作赢得 2009 年世锦赛冠军、2009 年大冬会冠军以及 2008 年世锦赛亚军。主教练李建锐，也是黑龙江轮椅冰壶队的主教练，这次平昌冬残奥会参赛队伍 5 名运动员中有 3 名来自黑龙江。助理教练茹霞，也是北京轮椅冰壶队的主教练，这次平昌冬残奥会参赛队伍 5 名运动员中有 2 名来自北京。

教练员的心理辅导也是我们心理咨询工作的重要内容之一。举几个例子：①有一次，和主教练促膝谈心，从夜里 10 点一直持续到凌晨 2 点 45 分，将近 5 个小时。②大名单确定之后，二垒和三垒的运动员表现出较大的起伏，这种紧急关头，教练员心里也打鼓，"我都怀疑自己是不是选错人了？"在这种情况下，笔者一直在寻找资料进行心理安抚。时值平昌冬奥会刚刚结束，微信圈里正在流传李琰的报道："李琰：不看牌面把自己的牌打到最好"。笔者把它发给教练员看，教练员收到之后，较好地缓解了压力，"我又把手里的牌打到最好看了两遍，感觉舒服多了，就这样啦！"③加拿大集训期间，一队大比分败给二队，教练组非常焦虑，有的教练员和运动员出现明显的躯体化，产生焦虑情绪，免疫力下降，开始感冒。看到这种情况，我们及时提醒队伍，希望教练员提升境界，放平心态，吃好喝好睡好，增强免疫力，降低焦虑水平。

第六节　团体建设

轮椅冰壶是团队项目，从一垒到四垒外加替补，每个垒次都承担着不同的功能，训练和比赛都要求四个垒次的运动员之间团结协作、密切配合，要求替补运动员随时准备上场，由此也对一支队伍5名运动员的团队凝聚力有很高的要求。

在这次集训队伍的第一阵容当中，黑龙江队的王＊＊、刘＊已经相处了将近10年，彼此之间无话不谈，甚至由于非常亲密，已经无话可谈。同时，北京队的王＊、陈＊＊，由于受到团队文化的影响，彼此也非常团结，加上异性效应，两人相处得也不错。但是两个省份之间的运动员在沟通的时候明显存在顾忌，"怕说多了对方不高兴"。这样的团队交往模式，明显不利于训练和比赛之间的无缝沟通，不利于运动员之间建立良好的信任关系。

在这种情况下，我们连续做了几项活动，希望能够增强整支队伍，尤其是第一阵容的凝聚力。具体活动包括：①进行了一次主题为团队建设的心理教育讲座。②做了一次操作式的团队建设活动。③进行了一次类似于民主生活会的团队建设座谈。④进行了一次团体凝聚力的测试。

通过组织系列活动之后我们发现，第一阵容4名运动员的团队凝聚力明显增强，信任程度得以提高，人际沟通更加顺畅，人际关系更加亲密。

一、团队建设讲座

团队建设讲座的详细内容参见第四章心理教育讲座的第四个主题"轮椅冰壶运动员的团队建设"部分，在此不再重复。

二、团队建设活动

配合团队建设讲座，12名运动员分两组分别做了一次团队建设活动。

材料：长6米的轻质鱼竿。

任务：12个人分两大组，6个人分两个小组，两个小组面对面错位排列，把鱼竿放下去。

目的：从中发现运动员习惯的行为模式，并提出针对性建议。

（一）一垒王*

发现的问题：面对团队任务，不能很好地表达自己的意见，无法为团队贡献更大的力量。交往的主动性有待提升，过度照顾别人的感受，阐述自身意见过程中，别人一旦打断，就不再继续。

提出的建议：增加交往的主动性，勇敢地表达自己，增强自信水平。

（二）二垒刘*

发现的问题：基本上一言不发，难以为团队贡献更多的力量。

提出的建议：多一些自己的思考，多一些主人翁意识。

（三）三垒陈＊＊

发现的问题：非常喜欢表现自己，不按规则出牌。

提出的建议：适当关注内心感受，进一步增强规则意识。

（四）四垒王＊＊

发现的问题：游离于团队任务之外，手指在鱼竿下滑动，没有切实发挥四垒的指挥作用。

提出的建议：具有更强的领导魄力，在团队中发挥更大的影响力。

三、团队建设座谈

将即将奔赴加拿大训练的 8 名运动员分为两组，每组 4 人，加上教练员一起，分组别进行团队建设。前往加拿大之前，一队进行了两个时段的团队建设活动，二队进行了一个时段的团队建设活动。加拿大归来之后（2018 年 2 月 18 日），一队又进行了一个时段（表 2 - 6 - 1）。

表 2 - 6 - 1　团队建设座谈情况汇总

团队	时间	时长
一队：王＊＊＋王＊、刘＊、陈＊＊	2018 年 2 月 1 日	1 小时 19 分钟
一队：王＊＊＋王＊、刘＊、陈＊＊	2018 年 2 月 2 日	1 小时 56 分钟
二队：张＊＊＋闫＊、张＊、于＊＊	2018 年 2 月 2 日	1 小时 42 分钟
一队：王＊＊＋王＊、刘＊、陈＊＊	2018 年 2 月 18 日	2 小时 07 分钟

团队建设时，围绕讨论的主题包括：

（1）如果现在就打比赛的话，你对你们这支队伍还有哪些担心的地方？

（2）作为一垒，你对二垒、三垒、四垒技术方面还有哪些不放心的地方？

（3）二垒、三垒、四垒，以此类推，问同样的问题。

（4）作为一垒，你希望二垒、三垒、四垒如何与你沟通？

（5）二垒、三垒、四垒，以此类推，问同样的问题。

从团队建设活动的参与程度来看，一开始大家对这种形式还不太适应，2月1日一队第一时段的活动结束之后，甚至有运动员咨询教练员意见："说不说实话？"但是从第二个时段开始，应该也是我们私底下又做了两位队伍教练员和核心运动员的工作的原因，大家开始进入节奏，现场气氛开诚布公，大家畅所欲言，最终取得了不错的效果。

四、团队建设测试

（一）测试目的

为了帮助教练员及时了解队伍的团体凝聚力状况，进一步增强一队（参赛队伍）和二队（陪练队伍）的团队凝聚力，同时也是为了测试团队建设讲座和团队建设活动的效果，进行了"运动中群体凝聚力问卷"的测试。

（二）量表介绍

群体环境问卷（中国版）是由马红宇（2004）① 根据卡伦（Carron）编制的群体环境问卷（Group Environment Questionnaire，GEQ）修订而来。卡伦将凝聚力定义为"反映群体在追求其工具性目标的过程中和

① 马红宇. 群体环境问卷的修订 ［J］. 北京体育大学学报，2008，31（3）：339 - 342.

（或）为了满足成员的情感需要，团结在一起、保持一致倾向的动态过程"。群体环境问卷强调每一个群体成员对群体凝聚力的感受，包括群体对个体成员的吸引程度（群体对个体的吸引）及成员对群体作为一个整体的感受程度（群体一致性）两大类。这两大类又分为两个方面：任务和社交方面。这样就形成了四个维度：群体任务吸引（ATG – T）、群体社交吸引（ATG – S）、群体任务一致性（GI – T）、群体社交一致性（GI – S）。这四个维度构成了群体环境问卷的四个分量表。其操作定义见表 2 – 6 – 2。群体环境问卷（中国版）具有良好的信、效度指标，可以广泛地应用于运动队凝聚力的评价和诊断。此问卷采用 7 点计分（1 为非常不同意，7 为非常同意），每个项目的分值范围在 1 ~ 7 分之间（最高分为 7 分，最低分为 1 分）。

表 2 – 6 – 2　群体环境问卷各维度的操作定义

维度	操作定义
群体任务吸引（ATG – T）	个体成员就其自身对群体任务、产出、目标、目的的投入程度的感知
群体社交吸引（ATG – S）	个体成员就群体对其接受程度及社交关系的感知
群体任务一致性（GI – T）	个体成员对运动队作为一个整体围绕群体任务的相似性、亲近性的感知
群体社交一致性（GI – S）	个体成员对运动队作为一个整体围绕群体社交的相似性、亲近性的感知

（三）测试结果

个体测试结果如表 2 – 6 – 3 所示，团队测试结果如表 2 – 6 – 4 所示。从表 2 – 6 – 3 可以发现，贺＊、闫＊、王＊＊的群体社交一致性相对偏低，我们和教练员一起探讨了原因，并就可能采取的策略交换了意见。从表2-6-4可以发现，一队的群体凝聚力略高于二队，两支队伍都略高于三队。运动中凝聚力问卷为教练员更好地了解三支队伍的团队气氛提供了参考。

表2-6-3 12名运动员的运动中群体凝聚力问卷测试结果

序号	姓名	群体任务吸引	群体社交吸引	群体任务一致性	群体社交一致性
1.1	孙**	19	27	22	21
1.2	贺*	14	22	21	14
1.3	黄**	16	25	19	18
1.4	刘*	18	23	24	22
2.1	张**	18	25	26	23
2.2	闫*	18	24	24	10
2.3	张*	21	28	28	28
2.4	于**	21	26	28	28
3.1	王*	19	28	27	21
3.2	刘*	20	28	28	27
3.3	陈**	20	28	28	28
3.4	王**	20	28	28	16

表2-6-4 三支队伍的运动中群体凝聚力问卷测试结果

团队	群体任务吸引	群体社交吸引	群体任务一致性	群体社交一致性
一队：孙***+贺*，黄**，刘*	67	97	86	75
二队：张***+闫*、张*、于**	78	103	106	89
三队：王***+王*、刘*、陈**	79	112	111	92

我们同样将"运动中群体凝聚力问卷"的测试结果整理成 PPT 形式，向教练员、运动员进行了反馈，如表 2-6-5 所示。

表 2-6-5 "运动中群体凝聚力问卷"测试结果

运动中群体凝聚力问卷结果反馈 首都体育学院轮椅冰壶项目心理服务团队 2018 年 2 月 15 日测试，2018 年 2 月 20 日反馈 中体奥冰壶运动中心		
什么是"运动中群体凝聚力问卷"？ 反映运动员所属团队在训练或比赛中是否目标一致、团结紧密的问卷。		
"运动中群体凝聚力问卷"测评要素		
群体任务吸引 （ATG-T）	运动员个人对比赛任务的投入程度	我为我们队的求胜欲感到高兴 这个队提供了足够的机会提高我的个人成绩 我喜欢我们队的打法风格
群体社交吸引 （ATG-S）	运动员个人对所在团队的亲密程度	我愿意成为本队队内交往活动中的一员 离队后，我会惦念这个队的成员 我的一些好朋友在这个队里 这个队是我所处的最重要团体之一
群体任务一致性（GI-T）	运动员认为团队成员对比赛任务的投入程度	我们队在实现奋斗目标的过程中，是团结一致的 我们队的队员对全队的成绩目标有着共同的期望 如果在场上有队员遇到问题，其他队员都愿意帮助他，因此队里总能团结向上 在比赛或训练期间，我们队的队员经常对每个人的责任坦诚地交换意见
群体社交一致性（GI-S）	运动员认为团队成员人际关系的亲密程度	我们队的队员更喜欢独自外出，而不愿一起活动 我们队的队员经常在一起聚会 比赛结束后，在闲暇时我们队的队员喜欢在一起消磨时间 除了比赛和训练，我们队的队员很少来往

"运动中群体凝聚力问卷"的科学性如何？

　　信度（测量稳定性）：群体任务吸引（ATG－T）、群体社交吸引（ATG－S）、群体任务一致性（GI－T）、群体社交一致性（GI－S）分量表的内部一致性系数分别为 0.76，0.75，0.85，0.78，各分量表的内部一致性均高于 0.70。

　　效度（测量有效性）：四因素模型结构得到数据验证，验证性因素结果见表2。表2显示：$X^2/df < 3$；CFI、IFI、GFI 均大于 0.90；NFI、NNFI 大于 0.85；RMSEA 小于 0.08。

参考文献

[1] 马红宇. 体育运动中的团体凝聚力 [M]. 季浏，张力为，姚家新. 体育运动心理学导论（全国体育学专业研究生系列通识教材）. 北京：北京体育大学出版社，2007.

[2] 马红宇. 群体环境问卷的修订 [J]. 北京体育大学学报，2008，31（3）：339－342.

"运动中群体凝聚力问卷"的个体测试结果

运动员	群体任务吸引	群体社交吸引	群体任务一致性	群体社交一致性
刘 *	18	23	24	22
黄 * *	16	25	19	18
贺 *	14	22	21	14
孙 * *	19	27	22	21
闫 *	18	24	24	10
张 *	21	28	28	28
于 * *	21	26	28	28
张 * *	18	25	26	23
王 *	19	28	27	21
刘 *	20	28	28	27
陈 * *	20	28	28	28
王 * *	20	28	28	16

续表

"运动中群体凝聚力问卷"的团队测试结果				
运动员	群体任务吸引	群体社交吸引	群体任务一致性	群体社交一致性
孙＊＊＋贺＊、黄＊＊、刘＊	67	97	86	75
张＊＊＋闫＊、张＊、于＊＊	78	103	106	89
王＊＊＋王＊、刘＊、陈＊＊	79	112	111	92

第七节　心理技能训练

为提升运动员的心理放松能力和情绪控制水平，我们利用生理相干与自主平衡系统（self‐generate physiological coherence system，SPCS）为运动员进行生物反馈放松训练。除此之外，如果还有机会，我们还把以正念（mindfulness 或 mindful）为基础的系列正念训练纳入心理技能训练的范畴。为了呈现得更为清晰，本节的支撑线生物反馈放松训练的内容和正念训练部分放在第四章进行介绍。

生理相干与自主平衡系统是一款基于美国心脏数理研究院（institute of heart math）开发的 HRV（心率变异性）自主协调技术和生物反馈技术的高科技产品，由精密光电传感器、信息处理器、高科技训练软件三大部分组成。生理相干与自主平衡系统实时测评人的 HRV，运用自主协调等三大技术对 HRV 进行调节训练，解读心脏、大脑、自主神经系统之间的活动密码，并以"意念训练"平衡并提升 HRV，令使用者达到自主神经系统平衡协调的状态，消除焦虑、紧张、冲动、抑郁等负面情绪，改善因心理因素导致的躯体疾病，实现身心健康。

生理相干与自主平衡系统包含多款练习，我们选择了其中的"菩提树"练习训练运动员的自主平衡调节能力，释放过度压力和负面情绪。该练习以菩提树的枯萎、生长、繁茂等变化形象地体现了用户的心理协调状态。当协调状态高时，树木会慢慢成长为枝繁叶茂的大树，当协调状态低时则会逐渐变得枯萎。

在"放松训练"的心理教育讲座结束之后，心理老师要求只要有可能就每天晚上坚持简单程度的训练3次，中等程度的训练3次，困难程度的训练不做要求。运动员的实际训练参与情况如表2-7-1所示。

表2-7-1　运动员生物反馈放松训练参与情况统计表

姓名	简单程度/次	中等程度/次	困难程度/次	总数/次
王*	41	36	34	111
闫*	28	28	3	59
王**	18	11	4	33
于**	15	16	0	31
贺*	13	11	0	24
黄**	12	9	0	21
李**	12	8	1	21
刘*	13	6	1	20
张**	9	9	1	19
张*	9	9	0	18
徐**	8	3	2	13
徐**	7	4	0	11
赵*	6	5	0	11
孙**	8	2	1	11

姓名	简单程度/次	中等程度/次	困难程度/次	总数/次
邵＊＊	4	3	0	7
黄＊＊	3	3	0	6
张＊	1	1	0	2

从表 2 - 7 - 1 可以发现，整体来看，运动员坚持训练的人员有限，其中坚持最好的是王＊，后来该运动员也入选参赛阵容，并担任一垒。

对王＊的训练成绩进行了统计，由于持续时间较长，即使是训练次数最多（41 次）的简单程度的练习，分散到如此长的时间里，训练成绩也很不稳定，难以发现规律性的结果，故并没有在此呈现。

心理服务工作结束之后，回过头来思考，在最初接触生物反馈训练的时候，绝大多数运动员兴致非常高，很多运动员甚至玩到了深夜 12 点，但是大多数运动员并没有按照心理老师的要求，把生物反馈放松训练坚持下来。究其原因，可能是我们对这项训练的重要性强调得不够，也可能是我们没能够把训练结果及时反馈给运动员，没有进行及时强化。后续工作当中需要进一步夯实基础，争取让运动员坚持下来。

运动员也从自己的角度出发，在心理服务工作结束之后给出了自己的理由。

（1）您坚持进行生物反馈放松训练的原因是什么？

● 喜欢

● 平复心态

● 让自己快速放松的方法

● 调节情绪

● 放松自己

（2）您没有坚持进行生物反馈放松训练的原因是什么？

- 忘了去做

- 睡眠好，无压力

- 提前离队

- 快放假了，心思不在那里了

- 训练紧张

- 没参加

- 我觉得时间不够用，还有一些其他事情，所以没有坚持下来

- 沉浸在悲伤中无法自拔

- 不太懂

第八节　心理手册——无形的支持

比赛方案，也称比赛计划、比赛对策库。作为赛前心理准备的重要内容，比赛方案是运动员根据比赛前和比赛中可能出现的各种情况，事先设计好的相应的应对措施，好做到心中有数，有备无患。理论上，国内外专家学者对比赛方案的价值、作用已经达成共识。他们认为，比赛方案是教练员和运动员根据比赛目标为比赛进程制订的详细计划。制订比赛方案是赛前心理准备的重要内容，也是最具有可操作性的工作。制订比赛方案，主要是为了提高运动员应对各种关键时刻和突发情况的能力，做到有备无患，防患于未然。研究者都强调，应针对不同项目比赛前和比赛过程中可能出现的各种问题或情况，确定相应的具体对策，以做好全面而充分的心理准备（张力为，毛志雄，2004）。实践当中，国

内外很多奥运队伍、很多运动项目，例如国家乒乓球队、国家射击队等，都结合具体项目的特点，制订了完善而具体的比赛方案，心理准备工作越来越多地进入训练和比赛实践一线。

我们先后访谈了三位教练员，详见表 2 - 8 - 1，并请主教练岳清爽帮忙，在加拿大外训前后，两次组织运动员就比赛期间可能出现的问题进行个人思考和集体讨论，如图 2 - 8 - 1 所示，讨论结果前后经过两轮修改，在队伍出征前一天以电子版形式发送到教练员、运动员手机上，希望能够对队伍起到帮助。

表 2 - 8 - 1　教练员访谈情况汇总

时间	访谈人物	时长
2018 年 1 月 24 日	岳清爽	1 时 46 分
2018 年 1 月 25 日	李建锐	4 时 16 分
2018 年 1 月 31 日	茹霞	1 时 42 分

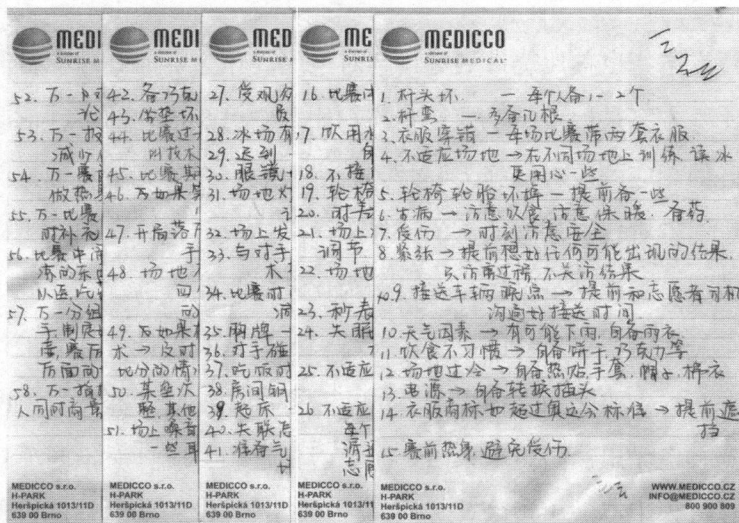

图 2 - 8 - 1　运动员集体讨论的结果（王 * 执笔）

在第一版心理手册当中，我们把问题分为六类，第二版依然保持着这个框架。和第一版相比，第二版主要结合教练员、运动员的意见，增加了技战术部分的内容，以及增加了关于半决赛、决赛怎么打的一些建议，包括以下内容：

（1）简单的比赛怎么打？

（2）复杂的比赛怎么打？

（3）不同场地比赛之间如何守神？

（4）每一壶怎么打？

（5）每一局比赛怎么打？

（6）每一场比赛怎么打？

（7）比赛时指挥的战术不明确怎么办？

（8）队友关键壶失误怎么办？

最终第二版心理手册包括93个条目，所囊括的问题条目列举如下：

（1）设备保障篇，包括13个条目。

（2）身体状态篇，包括4个条目。

（3）交通食宿篇，包括15个条目。

（4）场地适应篇，包括9个条目。

（5）人际关系篇，包括13个条目。

（6）技术战术篇，包括39个条目。

从心理手册主题所覆盖的范围来看，还是比较广泛的，基本覆盖了教练员、运动员能够想到的场景。但是从防范措施来看，受到时间、经验的限制，只能算是一个相对初级的版本，后续有机会还可以进一步细化。

比赛结束之后，再回过头来看心理手册在服务过程中发挥的作用，更多的感受是，让教练员、运动员参与编制心理手册的过程本身就是一种很好的心理准备，所以在后续服务过程中，有必要继续发挥教练员、运动员的积极性、主动性，发挥队伍的主导作用。

将《中国轮椅冰壶队 2018 年平昌冬残奥会心理手册 V2.0》原文放在附录 6，以备感兴趣的读者参考。

第九节　队内准备会——无声的战场

在五人大名单和主力阵容、替补阵容确定之后，主教练希望我们能够对入选运动员进行访谈，了解思想状况，进行最后的心理攻坚。我们先后访谈了 3 名运动员，遗憾的是，因为后期队内进行最后的备战工作，包括加拿大外训归来之后进行总结、连续两个晚上对对手情况进行分析以及冬残奥代表团誓师大会、落选运动员告别等事情的影响，一垒王 * 和替补张 *，我们并没有进行访谈。好在四位主力阵容中的三位我们已经进行了访谈，而且在最后几天的交流当中，也陆续和王 *、张 * 进行过简短的沟通，详见表 2 - 9 - 1。

表 2 - 9 - 1　比赛临行前约谈列表

时间	人物	内容	时长/分
2018 年 2 月 23 日	刘 *	赛前约谈，目前最大的担忧	80
2018 年 2 月 23 日	王 * *	赛前约谈，目前最大的担忧	110
2018 年 2 月 24 日	陈 * *	赛前约谈，目前最大的担忧	85

2018 年 3 月 1 日、2 日，既是为了满足领导的要求，也是为了自身的参赛准备，所有参赛队员、所有教练员外加心理老师，9 个人一起，连续两个晚上分析对手情况，进行最后的准备工作。将比赛对手从投营、击打两个角度分为投营好、击打不好，投营不好、击打好，投营、击打都好等三种情况，逐一进行讨论。并就上午、下午、晚上不同赛程之间的具体安排，包括时间管理、人员分工等进行了详细的梳理。征得教练员同意，心理老师得以参与全程讨论，详见表 2 - 9 - 2。

表 2 - 9 - 2　对手情况分析会议列表

时间	人物	内容	时长
2018 年 3 月 1 日	5 名参赛队员，3 位教练员， 1 位心理老师	对手情况分析	2 时 56 分
2018 年 3 月 2 日	5 名参赛队员，3 位教练员， 1 位心理老师	对手情况分析	1 时 53 分

由于涉及队伍的技战术机密，故队内讨论会的具体内容不再呈现，敬请各位理解。但想提到一点，作为队内准备会的当事人，笔者深刻感受到，分析对手情况的时候，对这个项目游戏规则的理解更加深入，也感慨这次服务时间太短，否则对项目的了解会更加透彻。

第十节　远程心理干预——无奈的选择

在声明"不主动发声"之后，征得主教练同意，笔者加入了"平昌，轮椅冰壶群"，以便能够及时了解队伍动态。同时多次嘱咐主教练责成替补队员张＊对赛前动员和赛后总结录音，并通过 QQ 发送回来，心理老师至少收听两遍，以便实时把握队伍情况。

一、回收录音，反复聆听

比赛期间，共录音 10 段，最短的两三分钟，最长的接近 2 小时，详见表 2-10-1。

表 2-10-1 发回录音情况汇总

序号	录制时间	对手	时长	赛程	备注
1	3 月 8 日 17：17	试冰前，准备会	43 分 15 秒		
2	3 月 10 日 16：54	晚上，对阵瑞典	30 分 30 秒	3 月 10 日 9：35，对阵瑞典	第一场比赛，赢
3	3 月 11 日 10：08	下午，对阵挪威	57 分 52 秒	3 月 11 日 14：35，对阵挪威	第二场比赛，赢
				3 月 11 日 19：35，对阵德国	第三场比赛，赢
4	3 月 12 日 08：05	上午，对阵芬兰	5 分 18 秒	3 月 12 日 9：35，对阵芬兰	第四场比赛，赢
				3 月 12 日 14：35，对阵瑞士	第五场比赛，赢
5	3 月 13 日 08：33	上午，对阵加拿大	1 时 51 分 41 秒	3 月 13 日 9：35，对阵加拿大	第六场比赛，输的第一场比赛
6	3 月 13 日 20：08	下午，对阵美国	1 分 20 秒	3 月 13 日 14：35，对阵美国	第七场比赛，赢
				3 月 14 日 9：35，对阵斯洛伐克	第八场比赛，赢

续表

序号	录制时间	对手	时长	赛程	备注
7	3月14日 18：36	晚上，对阵俄罗斯	2分13秒	3月14日19：35，对阵俄罗斯	第九场比赛，赢
8	3月15日 10：01	下午，对阵韩国	26分13秒	3月15日 17：35，对阵韩国	第十场比赛，输的第二场比赛
9	3月16日 14：38	下午，对阵加拿大	2分42秒	3月16日15：35，对阵加拿大	半决赛，赢预赛输掉的加拿大
10	3月17日 12：30	下午，对阵挪威	22分06秒	3月17日14：35，对阵挪威	决赛，赢挪威

二、远程沟通，回应疑问

比赛期间，共接到教练员主动沟通4次。其中主教练2次，分别是出现明显的赛前焦虑和人际沟通顾虑，队伍挺进决赛之后通报好消息；总教练2次，询问运动员出现状态起伏如何调节运动员情绪、鼓舞运动员斗志问题，要求心理团队观看比赛直播等。心理团队都进行了相应的回应。

（一）3月9日夜，比赛前夕，主教练李建锐主动沟通

沟通问题：比赛即将开打，发现运动员在场地练习当中暴露出明显的问题（一个是出手线路的问题，一个是出手加旋的问题），或者碍于其他教练员和随队官员的面子，"没法说"，或者跟当事人说过，结果遭遇抵触，沟通效果不佳，从而出现焦虑情绪，"我快抑郁了"。

反馈指导思想：既要实事求是，有针对性地指出问题，又要注意方式方法，考虑效果，努力达到预期的沟通目的。

支招跟其他教练员沟通：既要照顾对方的感受，也要看到彼此的需求（三位教练员优势互补，一个在宏观大局着眼，一个在技术细节着手，一个在全局把控）。了解对方的行为风格和当前言行的出发点（更熟悉自己运动员的行为模式，担心沟通风格不搭调，注意保护运动员的自信心）。同时注意发挥自身技战术优势，增加信任，增进团结，提升队内会议的有效性。

支招跟运动员沟通：委婉指出问题，明确肯定优势，既要更正技术动作，又要注意保护自信。注意保持观察，以观后效。

支招跟随行官员沟通：既要顾及领导面子，又要发挥专业优势，实现自己的执教目的。协调主教练，适当调整会议日程，做到内行指挥外行。

支招自我情绪安抚：察觉自己的不良情绪，避免自乱阵脚，出现"分裂"，影响大局。

（二）3月12日中午，对阵瑞士之前，主教练岳清爽主动沟通

沟通问题：运动员在比赛中连续出现失误，如何处理？是否以鼓励为基础？是不是还应该多鼓励，别丢了自信？

反馈内容汇总：在赛场上，肯定是运动员之间互相鼓励、互相安慰，在赛中，迅速转移注意力到下一局比赛，关注局面，关注动作，关注打击目的，关注打击效果！在场下，比赛已经结束的话，把注意力迅速转移到这一场已经结束的比赛上来。鼓励没毛病，让他自信没问题。

（三）3 月 13 日早晨，对阵加拿大、美国前夕，主教练岳清爽发来要求

岳清爽：今天上午对加拿大 5 + 直播，下午对美国 5 套直播。

徐守森：岳教练，我们一直关注着比赛呢。

岳清爽：（赞赞赞）

徐守森：今天和明天，应该是连续四场硬仗哈。

岳清爽：是的。

徐守森：签运不错，保持联系！

岳清爽：OK。

（四）3 月 16 日下午，中国队战胜加拿大队，历史性挺进决赛，主教练李建锐发来好消息

李建锐教练：徐老师，胜加拿大，进决赛。

徐守森：已经看到了，祝贺你们取得历史性的突破！打好最后一场比赛，争取站上最高领奖台！

李建锐教练：好的徐老师，谢谢鼓励。

（五）3 月 17 日早晨，决赛前夕，心理老师激动之余，情不自禁跟教练员主动联系

徐守森：又看了一遍对阵加拿大（的比赛），看完海涛最后的传球，眼睛又一次湿润啦！

李建锐教练：那个壶，海涛终于过了心理那关。

徐守森：这一战，足以成名！我看到了最佳运动员的影子。今天下午最后一战，祝愿你们能够百尺竿头更进一步！

李建锐教练：认真打好每一个壶，无关乎名次。

徐守森：赞！这才是真的抓住过程！结果自然瓜熟蒂落、水到渠成。

三、输掉第一场比赛后，集体唱歌，鼓舞士气

有一个很好的故事，感觉放在这个地方比较合适。

平昌冬残奥会比赛期间，3 月 13 日上午，中国队在第五场比赛当中输给加拿大队，这也是中国队输掉的第一场比赛。由于下午还有对阵美国队的比赛，为了给运动员加油打气，避免运动员士气受到影响，主教练岳清爽就在场馆外，冒着大风，拿着饮料瓶子当麦克风，给运动员唱起了《真心英雄》。一开始是岳清爽教练自己带着运动员唱，后来整个教练组跟运动员一起唱。歌词中唱到"不经历风雨，怎能见彩虹"，录像的应该是 CCTV5 的记者，"最后一句哈，就这句最重要了"。看到这个视频之后，我们非常感动，也赞叹岳清爽教练是自学成才的心理大师。

回想在驻队服务期间，岳清爽教练也几次提到，希望能够把教练员培养成心理学的高手，在训练和比赛中能够发挥调节运动员心理的功能，这也成为我们未来服务工作的努力方向之一。

第十一节 服务感悟

服务工作结束后，有很多反思、很多感触，和各种心理干预手段贴近的部分放在了第二部分"服务过程"当中，还有一些想法放在此处

交代。服务过程中，最大的感触是，残疾人社会保障体系非常薄弱，亟待完善；冬残奥体育事业刚刚开始，还在路上；冬残奥科研工作已经启动，未来一片蓝海，大有可为。

第一，残疾人社会保障体系建设非常薄弱，亟待完善。在最初的半结构化访谈中，随着运动员访谈人数的增多，这种感觉变得越来越强烈。无论是患小儿麻痹症的运动员，还是意外事故导致高位截瘫或者截肢的运动员，谈到他们与命运不屈的抗争，谈起他们悲伤的过往，谈到他们微薄的收入，谈到他们可怜的训练保障体系，我的眼泪总是忍不住夺眶而出，研究生在一旁听着也觉得"很难受，心里堵得慌"。随着跟教练员、运动员越来越熟悉，伴随着两次选拔过程依次展开，在跟落选运动员沟通的时候，这种感觉更加强烈。很多冬残奥项目运动员是想通过比赛改变人生命运、改善家庭生活的，这种孤注一掷，让他们一旦落选，绝望程度更加深重，非理性思维更加偏激，心理工作更难开展，甚至很多运动员直至最后离开队伍，依然能看出来心有不甘，带着浓重的抱怨，甚至愤恨。导致这种结局的原因会有很多种，但薄弱的残疾人社会保障体系是一个重要原因。

第二，残疾人体育事业还处于起步阶段，冬残奥项目更是如此。这种起步阶段体现在很多方面，例如国家并没有专门的轮椅冰壶训练场地，还需要长期租用社会机构的场地设施，当然，这种外包的做法有利有弊，如何在现有情况下扬长避短，还有很多问题需要解决。前文也提到，从 2017 年 7 月就开始的这次集训是中国轮椅冰壶项目历史上集训规模最大、集训时间最长、集训效果最好的一次，这也从侧面反映出，之前并没有如此长期、系统地备战过。此外，从运动员的国际分级情况看，获得国际分级的残疾人运动员数量不多，集训队伍 19 名队员，只有 13 名获得国际分级。按照国际冰壶联合会的要求，没有国际分级的运动员是不能参加国际比赛的，剩下的 6 名运动员从参加集训开始就注定了参加奥运比赛的机会渺茫。总之，中国的轮椅冰壶项目要想获得长远的发展，必须扩大运动员规模，增加运动员基数，只有这样才有可能促进这个运动项目的发展，才可能打造国内联赛体系，参加国际重大赛事。

　　第三，残疾人体育科研方面。在接触队伍之前，我们也曾经查询一些相关文献，想看看是否能够对我们的工作有所启发、有所帮助。但竭尽全力之后，却发现所获甚微，几乎查询不到任何与轮椅冰壶相关的文献，不仅中文文献如此，英文文献也是如此。在 2018 年 9 月由中国残疾人体育运动管理中心于清华大学举办的第一届全国残疾人体育学术交流会上，有幸见到徐青华博士对冬残奥项目的研究综述，才发现了两篇关于轮椅冰壶的参考文献，我们如获至宝，赶紧索要过来，仔细研读。两篇文献分别对轮椅冰壶的战术体系和技术动作进行分析，但是和我们的专业——心理干预相去甚远。所以我们在整个服务过程中，只能摸着石头过河，凭借着以往服务夏奥会的经验，凭借着以往的积累，凭借着站在前人的肩膀上，彳亍前行。当然还包括改变临时抱佛脚的做法，延长下队服务时间；打造复合型保障团队，协同运动营养、体能训练、保健康复共同工作，等等。残疾人体育科研，诚如刘淑慧先生在序言中所言，"路漫漫其修远兮，吾将上下而求索！"

第三章　服务效果

服务工作结束之后，为了测查服务效果，我们做了如下工作：①进行正念系列量表前后测，测查心理服务工作效果，也为问题诊断提供佐证；②进行心理服务工作满意度调查，为后续改进工作收集资料，也探索出一套工作质量评价的指标体系。

同时，平昌冬残奥会前后，很多教练员、运动员怀有一颗感恩的心，先后发来微信表示感谢。而且由于比赛成绩不错，我们这个团队被学校党委宣传部三次宣传报道，两次接受中央电视台体育频道的采访，这些内容一并放在服务效果部分。

第一节　心理测量的证据

本次服务过程，在心理教育讲座当中，我们渗透了大量正念训练技术；在心理咨询过程中，我们主要遵循的认知行为疗法第三浪潮的典型代表——接纳与承诺疗法，同样包含了大量正念技术。为了测查心理服务工作的效果，也为了测查运动员的正念能力是否有所提升，测查接纳与承诺疗法理论框架下的心理灵活性是否得到增强，以及价值判断是否进一步澄清等，我们运用了正念理论指导下的系列量表进行了前后测。

一、测量工具

（一）正念五因素问卷

采用正念五因素问卷（Five Facet Mindfulness Questionnaire，FFMQ）（Baer，Smith，Lyking，et al，2008）[1] 的中文版（邓玉琴，2009）[2] 测量正念特质水平。该问卷包含 39 个题目，包括对内部体验无反应、关注感受得分、自动化行为、描述感受/贴标签、经验性批判 5 个子量表，采用 5 级计分，分数越高，正念特质水平越高。本研究中五个维度前后测的内部一致性系数分别为 0.466、0.799、0.556、0.791、0.293；0.705、0.555、0.584、0.705、0.137。

（二）认知融合问卷

采用张维晨等（2014）[3] 修订的认知融合问卷（Cognitive Fusion Questionnaire，CFQ）（Gillanders，Bolderston，Dempster，et al，2010）[4]。该问卷原本包含认知融合和认知解离两个子问卷，分别测量被试的认知融合程度和认知解离水平。由于中文版的认知解离子问卷心

---

[1] BAER R A，SMITH G T，LYKINS E，et al. Construct validity of the five facet mindfulness questionnaire in meditating and nonmeditating samples [J]. Assessment，2008，15（03）：329 – 342.

[2] 邓玉琴. 心智觉知训练对大学生心理健康水平的干预效果 [D]. 北京：首都师范大学，2009.

[3] 张维晨，吉阳，李新，等. 认知融合问卷中文版的信效度分析 [J]. 中国心理卫生杂志，2014，28（1）：40 – 44.

[4] GILLANDERS D T，BOLDERSTON H，DEMPSTER M，et al. The Cognitive Fusion Questionnaire：Further developments in measuring cognitive fusion [C]. 2010.

理测量学指标不佳，所以本研究只采用了其认知融合子问卷，包含9个题目，采用7级计分，从1"从未"到7"总是"，分数越高，认知融合水平越高。本研究中认知融合子问卷的前后测的内部一致性系数分别为0.932、0.852。

（三）接纳与行动问卷

采用曹静、吉阳、祝卓宏（2013）[①] 修订的接纳与行动问卷第二版（Acceptance and Action Questionnaire – Second Edition，AAQ – Ⅱ）（Bond，Hayes，Baer，et al，2011）[②] 测量被试的经验回避水平（experiential avoidance）。该问卷包含7个题目，采用1~7点计分，从1"完全不同意"到7"完全同意"，分数越高，经验回避程度越高。本研究中该量表前后测的内部一致性信度系数分别为0.910、0.928。

（四）承诺行动问卷

采用承诺行动问卷（Committed Action Questionnaire，CAQ）（McCrackenL M，Chilcot J，Norton S，2014）[③] 的中文版（课题组内部翻译），测量承诺行动水平。该问卷包含18个题目，一个维度，采用7级计分，分数越高，表示承诺行动水平越高。本研究中该问卷前后测的内部一致性系数分别为0.788和0.787。

---

① 曹静，吉阳，祝卓宏. 接纳与行动问卷第二版中文版测评大学生的信效度 [J]. 中国心理卫生杂志，2013，27（11）：873 – 877.

② BOND F W，HAYES S C，BAER R A，et al. Preliminary psychometric properties of the Acceptance and Action Questionnaire – Ⅱ：A revised measure of psychological flexibility and acceptance [J]. Behavior Therapy，2011，42（6）：676 – 688.

③ MCCRACKEN L M，CHILCOT J，NORTON S. Further development in the assessment of psychological flexibility：A shortened Committed Action Questionnaire（CAQ – 8）[J]. Eurpean Journal of Pain，2014（19）：677 – 685.

（五）价值问卷

采用价值问卷（Valuing Questionnaire，VQ）（Smout，Davies，Burns，et al，2014）[1] 的中文版（课题组内部翻译），测量价值生活状态。该问卷包含 10 个题目，包括价值进步和价值阻碍两个维度，采用 0（非常不符合）~6（非常符合）7 级计分，价值进步得分越高越好，价值阻碍得分越低越好。本研究中该问卷两个维度的前后测的内部一致性系数分别为 0.793、0.674 和 0.705、0.828。

二、测量结果

由于同时完成前后测的人数较少，只有 10 人，所以我们使用 SPSS 19.0 for Windows 对接纳与承诺疗法各问卷前测和后测的得分进行非参数检验（威尔科克森带符号秩检验），结果如表 3–1–1 所示。

表 3–1–1　接纳与承诺疗法各问卷前测和后测得分的对比结果（$N=10$）

	前测		后测		z	p
	M	SD	M	SD		
对内部体验无反应	20.60	3.17	20.70	3.13	−0.563	0.573
关注感受	22.30	2.95	22.30	3.33	−0.103	0.918
自动化行为	15.00	2.98	16.10	2.33	−1.408	0.159
描述感受/贴标签	25.80	3.49	25.70	2.98	−0.483	0.629
经验性批判	24.30	2.00	24.40	2.32	−0.213	0.831
认知融合	28.10	5.93	29.10	5.53	−0.562	0.574

---

① SMOUT M，DAVIES M，BURNS N，et al. Development of the Valuing Questionnaire (VQ) [J]. Journal of contextual Behavioral Science，2014，3（3）：164–172.

	前测		后测		z	p
	M	*SD*	*M*	*SD*		
经验回避	17.10	6.21	18.50	6.69	−1.198	0.231
承诺行动	93.60	8.95	88.20	7.89	−2.194	0.028*
价值阻碍	10.20	3.08	12.00	3.53	−1.973	0.049*
价值进步	26.70	4.27	26.90	3.78	−0.142	0.887

（备注：＊表示在 0.05 水平上差异显著；＊＊表示在 0.01 水平上差异显著；
＊＊＊表示在 0.001 水平上差异显著。）

由表 3 − 1 − 1 可知，在正面五因素问卷的五个要素上，前测和后测
差异不显著，也就是说，我们的工作并没有提高运动员的正念水平，这
或许和只进行了概念的介绍，但是没有系统地进行正念训练有关。对认
知融合和经验回避的干预效果也有限，这或许和我们没有系统地进行接
纳承诺训练有关。但是和假设相反，承诺行动水平不但没有提高，反而
有所降低。同时价值阻碍不但没有降低，同样反而有所提高。我们怀疑
这种结果，或许和后测时的团队气氛有关，当时入选奥运的大名单刚刚
宣布，入选的运动员情绪还算稳定，但是落选的运动员情绪反应比较
强烈。

随后，我们按照是否进入大名单，将 10 名运动员又分为 2 组，分
别进行统计，结果如表 3 − 1 − 2 和表 3 − 1 − 3 所示。从表 3 − 1 − 2 可以
发现，入选大名单的 5 名参赛队员，在全部量表的所有要素上均没有提
升，但同时也没有下降。而从表 3 − 1 − 3 可以发现，落选大名单的 5 名
参赛队员，在经验性批判上有所降低。这说明，在某种程度上他们有负
性情绪的困扰，尤其是他们会怀疑选拔过程的公平性。与此同时，落选

大名单的 5 名参赛队员在承诺行动上有所下降，这可以很好地解释他们在训练当中消极怠工的表现；在价值阻碍上有所提高，这同样可能和他们怀疑选拔的公平性，以及外归因有关。

表 3-1-2　5 名参赛队员接纳与承诺疗法各问卷前测和后测得分的对比结果 （N=5）

	前测		后测		z	p
	M	SD	M	SD		
对内部体验无反应	21.00	3.67	21.00	4.06	-.677	0.498
关注感受	21.20	3.35	23.60	3.85	-1.625	0.104
自动化行为	15.60	4.1	16.20	2.86	-0.828	0.408
描述感受/贴标签	26.00	4.12	25.40	3.58	-0.736	0.461
经验性批判	24.00	2.55	25.40	3.05	-0.813	0.416
认知融合	28.60	4.83	27.20	4.09	-0.813	0.416
经验回避	15.60	5.18	15.20	6.83	-0.412	0.680
承诺行动	93.40	9.07	88.20	7.53	-1.214	0.225
价值阻碍	10.40	3.21	10.60	2.61	-0.378	0.705
价值进步	28.40	3.91	29.00	0.71	0.001	1.000

表 3-1-3　5 名落选队员接纳与承诺疗法各问卷前测和后测得分的对比结果 （N=5）

	前测		后测		z	p
	M	SD	M	SD		
对内部体验无反应	20.20	2.95	20.40	2.3	-0.271	0.786
关注感受	23.40	2.30	21.00	2.45	-1.219	0.223
自动化行为	14.40	1.52	16.00	2.00	-1.134	0.257
描述感受/贴标签	25.60	3.21	26.00	2.65	-0.137	0.891
经验性批判	24.60	1.52	23.40	0.55	-1.732	0.083[b]

续表

	前测		后测		z	p
	M	SD	M	SD		
认知融合	27.60	7.44	31.00	6.56	-1.219	0.223
经验回避	18.60	7.37	21.80	5.17	-1.604	0.109
承诺行动	93.80	9.88	88.20	9.12	-1.761	0.078[b]
价值阻碍	10.00	3.32	13.40	4.04	-1.826	0.068[b]
价值进步	25.00	4.30	24.80	4.55	-0.141	0.888

（备注：b 表示在 0.10 水平上差异显著。）

　　心理服务工作结束之后，正念系列量表前后测的统计结果提示我们：①由于在整个过程中并没有过多地进行正念训练干预，所以出现这样的结果，也在情理之中。②入选队员的情绪波动并不大，而落选队员的情绪波动非常之大，这提示我们需要做好落选队员的心理安抚工作。③同时，这样的结果也提醒我们，如果后续有机会，可以考虑进行持续性、专门性的正念训练。

第二节　满意度调查的证据

　　为了调查教练员、运动员对我们心理服务工作的满意程度，以便改进后续心理服务工作，我们特别设计了工作满意度调查问卷，并通过问卷星发放给运动员。最终 21 名运动员全部作答，1 名教练员作答，另外 1 名教练员因为身体原因（生病住院）未能参加调查。

一、满意度调查问卷的设计

满意度调查问卷的设计综合考虑了队伍对心理服务工作整体的满意程度，对心理讲座、心理测试、心理咨询、心理训练等各种工作形式均进行了调查，详见表 3 - 2 - 1。

表 3 - 2 - 1 心理服务工作满意度调查的内容

中国轮椅冰壶集训队心理服务工作满意度调查（2017—2018）
指导语：感谢各位教练员、运动员三个月来对我们心理团队的支持与配合！为了帮助我们更好地了解服务效果，改进服务工作，我们特别编制了这份调查问卷，了解各位教练员、运动员对我们各项服务工作模块的满意程度与改进意见，请您实事求是，根据自己的真实感受如实填写。 ——首都体育学院运动心理服务团队：徐守森、刘海虹、赵纪龙、李佳新。 <div align="right">2018 年 3 月 21 日</div>
1. 对心理服务工作整体的满意程度（1 为最低水平，5 为中等水平，10 为最高水平） 2. 对心理讲座活动整体的满意程度（1 为最低水平，5 为中等水平，10 为最高水平） 3. 对心理讲座之一"压力管理"的满意程度（1 为最低水平，5 为中等水平，10 为最高水平） 4. 对心理讲座之二"放松训练"的满意程度（1 为最低水平，5 为中等水平，10 为最高水平） 5. 对心理讲座之三"注意管理"的满意程度（1 为最低水平，5 为中等水平，10 为最高水平） 6. 对心理讲座之四"团队建设"的满意程度（1 为最低水平，5 为中等水平，10 为最高水平） 7. 对心理讲座之五"有效沟通"的满意程度（1 为最低水平，5 为中等水平，10 为最高水平） 8. 对心理讲座之六"积极心态"的满意程度（1 为最低水平，5 为中等水平，10 为最高水平） 9. 您觉得哪次讲座对您有帮助？（多选）有何帮助？（简单几个词即可） 讲座一"压力管理"（　　） 讲座二"放松训练"（　　）

讲座三"注意管理"（　　）

讲座四"团队建设"（　　）

讲座五"有效沟通"（　　）

讲座六"积极心态"（　　）

10. 您对心理咨询工作（包括访谈、约谈、咨询等）整体的满意程度（1 为最低水平，5 为中等水平，10 为最高水平）

11. 您觉得我们的心理咨询工作（包括访谈、约谈、咨询等）对您有何帮助？（简单几句话即可）

12. 您觉得我们的心理咨询工作（包括访谈、约谈、咨询等）应该做何改进？（简单几句话即可）

13. 您对我们团队制定的心理手册整体的满意程度如何？（没有接触过的话，请跳过这个题目）

14. 您觉得我们团队制定的心理手册还可以做何改进？（简单几句话即可）（没有接触过的话，请跳过这个题目）

15. 您对生物反馈放松训练（即"菩提树"练习）服务效果的满意程度（1 为最低水平，5 为中等水平，10 为最高水平）

16. 您坚持进行生物反馈放松训练的原因是什么？（如果坚持进行的话请填写，没有坚持请填写"没有坚持"）

17. 您没有坚持进行生物反馈放松训练的原因是什么？（如果没有坚持的话请填写，坚持的话请填写"坚持"）

18. 您对我们心理服务工作最满意的地方是什么？（填写您认为最重要的三条）

19. 您认为，我们心理服务工作最需要改进的地方是什么？（填写您认为最重要的三条）

20. 什么活动（包括心理讲座、心理测试、心理咨询、心理训练等）对您的影响最大？为什么？您都发生了哪些具体的变化？

二、满意度调查的结果

从调查的结果来看，教练员和运动员对心理服务工作还是相当满意的。具体来看，落选运动员的评分平均分是 9.21 分，虽然整体评分已经比较高了，但还是要比入选运动员的评分平均分 9.91 分要低一些，这或许跟没有机会参加奥运比赛有关。入选运动员的评分平均分 9.91

分，已经是一个相当高的评价。由于成绩不错，教练员比较夸张地给出了满分 10 分的评价。由于种种原因，只有一位教练员答题，这个分数应该是有一定偏差的。详见表 3 - 2 - 2。

表 3 - 2 - 2　心理服务工作满意度调查的结果

题目（满意度 1～10 分）	全体 21 人		落选队员 16 人		入选队员 5 人		教练员
	总分	平均分	总分	平均分	总分	平均分	总分
1. 对心理服务工作整体的满意程度	198	9.43	149	9.31	49	9.8	10
2. 对心理讲座活动整体的满意程度	202	9.62	152	9.50	50	10	10
3. 对心理讲座之一"压力管理"的满意程度	198	9.43	149	9.31	49	9.8	10
4. 对心理讲座之二"放松训练"的满意程度	203	9.67	153	9.56	50	10	10
5. 对心理讲座之三"注意管理"的满意程度	199	9.48	150	9.38	49	9.8	10
6. 对心理讲座之四"团队建设"的满意程度	197	9.38	147	9.19	50	10	10
7. 对心理讲座之五"有效沟通"的满意程度	197	9.38	147	9.19	50	10	10
8. 对心理讲座之六"积极心态"的满意程度	199	9.48	150	9.38	49	9.8	10
9. 对心理咨询工作（包括访谈、约谈、咨询等）整体的满意程度	198	9.43	149	9.31	49	9.8	10
10. 对我们团队制定的心理手册整体的满意程度	175	8.33	125	7.81	50	10	10

续表

题目（满意度 1～10 分）	全体 21 人		落选队员 16 人		入选队员 5 人		教练员
	总分	平均分	总分	平均分	总分	平均分	总分
11. 对生物反馈放松训练（即"菩提树"练习）服务效果的满意程度	200	9.52	150	9.38	50	10	10
平均分		9.38		9.21		9.91	10

三、开放性题目调查的结果

从运动员反馈的内容来看，绝大多数反馈还是比较积极的。

（1）您觉得我们的心理咨询工作（包括访谈、约谈、咨询等）对您有何帮助？

●能够进行较好的心理疏导。

●通过咨询自己慢慢地更能知道自己缺的是什么，下一步该怎么去解决！

●说事实。

●能帮助缓解很多压力和情绪。

●让我时刻提醒自己控制情绪。

●事已如此，凡事看开。

●让我可以没有顾忌地敞开心扉，面对自己的过去，并找回自信。

●解开了好多个心结，心里舒服多了。

●懂得了该如何适当地放松情绪，释放压力。

●更了解自己。

●缓解压力。

●解决了我的一些困惑。

- 敞开心扉地跟老师谈，心理压力变小了。

- 把压力转化成动力，让我的心态得到了很好的调整。

- 抒发压抑的情绪。

- 能放开心结，打开自己的心扉！

- 值得深思，对未来充满希望。

- 帮助我缓解了压力。

- 在和老师聊天时可以缓解训练中带来的压力。

- 疏导情绪。

（2）您觉得我们的心理咨询工作（包括访谈、约谈、咨询等）应该做何改进？

- 多沟通。

- 多配几个"徐老师"就好了。

- 次数多些，针对性再强些。

- 建议课再多点。

- 给出的建议最好再多一点。

- 挺好。

- 如果能更早地开始心理咨询工作，有更充裕的时间会更好。

- 我觉得老师可以多帮队员解决一下心结什么的。

- 已经很不错了。

- 挺好的。

- 有些问题，并不想让更多的人知道。

- 都挺好的。

- 非常好。

- 抒发压抑的情绪。

- 心理调节得挺好。

- 我觉得团队项目可以适当地多一些团队建设合作的东西！

- 已经很棒了。

- 不用改，现在挺好。

- 多和队员们交流，可以让我们放松对待每天的训练。

- 环境氛围再好点。

（3）您觉得我们团队制定的心理手册还可以做何改进？

- 没有，很好。

- 条目太多，不好找。

- 没有。

- 没有接触过。

- 很详细。

- 已经很不错了。

- 很好。

- 不用改进。

- 人手一本。

（4）您坚持进行生物反馈放松训练的原因是什么？

- 喜欢。

- 平复心态。

- 让自己快速放松的方法。

- 调节情绪。

- 放松自己。

（5）您没有坚持进行生物反馈放松训练的原因是什么？

- 忘了去做。

- 睡眠好，无压力。

- 提前离队。

- 快放假了，心思不在那里了。

- 训练紧张。

- 没参加。

- 我觉得时间不够用，还有一些其他事情，所以没有坚持下来。

- 沉浸在悲伤中无法自拔。

- 不太懂。

（6）您对我们心理服务工作最满意的地方是什么？（填写您认为最重要的三条）

- 平易近人，观察仔细，认真负责。

- 耐心地倾听。

- 有些话平时不说的，也都说出来了，确实减压了。

- 亲切，融入我们的生活，体会比赛心理。

- 一对一，有求必应，热心帮助每个人。

- 有效，负责，用心。

- 细心，体贴，负责。

- 结合轮椅冰壶运动的实际情况制订了讲座课程和心理训练计划；开始心理服务工作之后，基本上一直随队一起，不仅能够帮助训练和解决比赛中发现的问题，还能对日常生活中发现的问题给予积极建议；对队员们都认真进行了心理咨询服务。

- 老师态度好，老师能很全面地去了解每个队员，"菩提树"很不错。

- 老师好，讲座课题好，心理咨询挺好。

● 有引导，认识自己和团队。

● 很用心，能结合项目特点。很热情，让人没有距离感。讲座的内容很全面，从各个方面帮助我们。

● 老师态度好，服务好，技术水平高。

● 心理团队非常好；非常认真负责；天天为我们想，我们怎么样能更好。

● 心理疏导，放松心理，压力管理。

● 很人性化。

● 亲切，可敬，无私。

● 服务态度好，也能帮助自己。

● 老师随时给我们解答心理问题，有的时候自己想不通的事老师都来帮助我们，老师每天都跟着我们一起训练，看着在训练中出现的问题。

● 专业，尊重，隐私保护。

（7）您认为，我们心理服务工作最需要改进的地方是什么？（填写您认为最重要的三条）

● 沟通，了解队员背景，了解教练背景。

● 没有。

● 说不好。

● 时间，内容，有效性。

● 更早一些进行随队心理服务工作，希望能够收到人格测试结果。

● 我觉得对每个队员应该一视同仁，就像之前让有分级的先去心理咨询，没分级的后去，我觉得不是太好。

● 多和大家接触，多了解每个人就好。

● 能更多地从运动员的角度考虑问题。

● 很好，没有意见。

● 不清楚。

● 入队时间太短了，要是能从训练开始跟队就好了。

● 可以啦。

● 没有意见。

● 针对这项运动的心理辅导再多些，增加团队合作和沟通辅导课程。

（8）什么活动（包括心理讲座、心理测试、心理咨询、心理训练等）对您的影响最大？为什么？您都发生了哪些具体的变化？

● 心理讲座，能开导我。

● 自信，积极。

● 谈心。

● 心理讲座，让我体会到心理变化对自己的影响有多大。

● 心理咨询，解决自身心理问题。

● 心理咨询，让我把心态放得更好。

● 心理咨询。在日常生活中，很多消极负面的情绪和想法是无法轻易和身边人诉说的。有了专业心理咨询的帮助和建议，可以使我更有效地减压。也让我现在能用更积极的心态去面对问题，恢复了对自己的信心，也明确了目标，并将眼界放得更加开阔和长远。

● 心理咨询。找到了自己的不足，也理解了很多自己内心很排斥或者无法理解的事，心里舒坦多了，也更积极地面对训练。

● 懂得团队的重要性。积极面对训练，学会了放松缓解压力。

● 心理讲座，让自己更安静了。

●心态的转变。

●团队建设，让彼此之间了解得更彻底。放飞自我。

●变得没那么大压力了，更懂得团队的重要性了。

●全部，每一次听讲都是对我的重新认识，让我的心理素质还有与队友的相处得到质的改善，谢谢你们的团队。

●学会腹式呼吸和集中注意力还有正确的心理引导。

●团队建设，团队项目不是一个人的项目，要学会包容、理解！有问题的时候不要用埋怨、责备的口吻说自己的队友，没人要故意捣乱，过重的语气和表情会伤害自己的队友。

●内心有了一面镜子，再也不用问别人我长什么样了……哈哈哈。

●在上了老师的课以后，在场上有了很有效的缓解压力的方式。

●在比赛时心里紧张，就会想到老师说的腹式呼吸，这样能让你很快地放松。

●心理测试，让自己更了解自己，调整心态。

第三节　队伍反馈和媒体采访

一、教练员反馈

（一）3月18日早晨，高举鞋子的梗（图3-3-1）

徐守森：李教练，进入半决赛战胜加拿大，把一双鞋子举起来，这是什么梗？

图 3 - 3 - 1　半决赛战胜加拿大后，李建锐教练高举鞋子

李建锐教练：中国轮椅冰壶队在国际大赛获得的所有奖牌都和我穿这双鞋有关系。2012 年韩国世锦赛，我穿这双鞋拿了国际大赛的第一块铜牌；2013 年索契世锦赛，在三连败的情况下最后艰难拿了一块铜牌，我也穿了这双鞋；2014 年冬残奥会，代表团让穿统一的鞋，我没带这双鞋，结果折了；2015 年芬兰世锦赛，我穿这双鞋拿了个第二名；2015 年全运会嫌行李太重，没穿这双鞋，又沉了。这次我带了四双鞋，箱子都装不下了，我说啥把这鞋带来了。事先我和队员就说好了，半决赛胜了我举鞋，他们膜拜。

徐守森：您有故事，我有酒，一醉方休哈。

李建锐教练：徐老师，一言为定。

徐守森：一言为定。

（二）3 月 21 日早晨，交流感谢信事宜

李建锐教练：徐老师，我打算给您写封感谢信，寄到您的学校，回去就办。

徐守森：谢谢李教练想得这么周到，我们领导也提这个事儿呢，咱们队伍也没有公章啥的，我想可不可以写完之后，请三位教练签个字，也算是对我们工作的一种认可，我们合作的一个见证。

徐守森：看您怎么方便怎么来吧，反正最后作用都是一样的。

李建锐教练：行，徐老师，到时候写完我发给您，您看一下。

徐守森：其实最应该感谢的是教练员和运动员，你们那么好的成绩，我们也跟着沾光，明天上午中央电视台还来我们单位采访呢。

徐守森：好的，辛苦您啦。

李建锐教练：咱们是一个团队，一个 Team。

（三）3 月 23 日下午，继续交流感谢信事宜

李建锐教练：

感谢信

首都体育学院：

    我们是国家轮椅冰壶队，平昌冬残奥会轮椅冰壶项目的冠军队伍。这枚冬残奥会历史首金的获得，离不开贵校徐守森教授和他所带领的团队给予的帮助与支持。自驻队以来，徐教授与队伍同吃同住，每天至少 6 个小时在冰场观察每位运动员的细微变化，主动约谈思想有波动的队员，安抚落选队员情绪，坚定教练员的信念，徐教授及他所带领的团队做了大量困难、细致的工作。在此，国家轮椅冰壶队的所有成员对徐教授和他所带领的团队由衷地表示感谢，对首都体育学院领导的大力支持表示感谢。期待下一次的合作。

国家轮椅冰壶队

教练组签字

2018 年 3 月 22 日

李建锐教练：徐老师，您再帮着改一改。

徐守森：都是您的心血啊，我就不用改了，但是要加上副教授，我只是副教授，谢谢亲爱的李教练。

李建锐教练：徐老师，您还是改改吧，这封写得不够细，要是写完没啥效果就不好了。

徐守森：成吧，我也不客气，尽快改。

李建锐教练：锦旗内容写"用心灵悬壶济世，用话语治病救人"，成吗？

徐守森：锦旗就算了吧，太过分了，太假了。您的这些话就是对我们工作最大的认可了，谢谢，谢谢。

李建锐教练：锦旗必须做，内容不知写啥好。

徐守森：真的有点儿过了，写封感谢信已经相当不错了，如果再弄锦旗的话，其实我担心影响反而不好，不做了哈，谢谢您的美意哈！

李建锐教练：那就按老师说的办。

徐守森：（抱拳抱拳抱拳）

徐守森：

感谢信

首都体育学院：

　　我们是国家轮椅冰壶队，2018 平昌冬残奥会轮椅冰壶项目的冠军队伍。这枚冬残奥会历史首金的获得，离不开贵校徐守森副教授和他所带领的团队，研究生刘海虹、赵纪龙、李佳新给予的帮助与支持。自驻队以来，徐教授与队伍同吃同住，每天至少 6 个小时在冰场观察每位运动员心理的细微变化，根据队伍需求安排心理讲座，进行团队凝聚力建设，主动约谈思想有波动的队员，鼓舞入选队员信心，安抚落选队员情绪，坚定教练员的信念，凭借专业的技术和敬业的精神，徐教授及他所带领

的心理团队做了大量困难、细致的工作。在此，国家轮椅冰壶队的所有成员对徐教授和他所带领的团队表示由衷的感谢，对首都体育学院领导的大力支持表示感谢。期待下一次的合作。

国家轮椅冰壶队

教练组签字

2018 年 3 月 22 日

（四）3 月 24 日清晨，跟李建锐教练交流关于外卖小哥的新闻报道

徐守森：（发送一条微信链接：《当过外卖小哥的冬残奥会金牌教练——李建锐的磨剑 11 年》）

徐守森：李教练，辛苦啦！

李建锐教练：记者告诉我，稿子中很多东西都被删了，比如运动员和教练员补助、运动员待遇、刘＊和张＊他们摆摊卖袜子那些事儿。

徐守森：如果有原稿的话，您可以发给我，让我看看你们的"悲惨"生活。（坏笑坏笑坏笑）

二、运动员反馈

作为唯一的科研服务团队，遗憾的是，心理团队未能到平昌冬残奥会比赛现场进行科研保障。队伍临行之前，三垒运动员发来微信表示感谢。比赛结束之后，一垒、四垒运动员发来微信表示感谢。摘录在此，以纪念之。

（一）3 月 5 日晚上，三垒陈＊＊临行前的反馈

陈＊＊：感谢徐老师对我们冰壶队的帮助，谢谢您一直陪伴我们。

111

徐守森：怎么个意思？欠聊？

陈＊＊：我这是谢谢您。

陈＊＊：感谢的意思。

陈＊＊：您对我们帮助很大，我得感谢下您啊。

徐守森：能认识你们是我的荣耀，能为你们服务是我的骄傲。我们所有的工作都通过你们的努力来体现，加油！

陈＊＊：好的，一定努力。

（二）3月17日晚上，一垒王＊的反馈

王＊：老师，谢谢您。

徐守森：王＊，得谢谢你，谢谢你们，为你们骄傲！

王＊：真的很谢谢您，学到了很多东西，给我们的帮助很大，真的感谢您。

徐守森：教练员和运动员彼此成就，我们和运动队也是彼此成就。走之前有药检，不敢请你们吃饭，这回总算可以喝酒啦，等你们回来，好好地庆祝一下！

王＊：好，请你们吃饭。

徐守森：没问题。

（三）3月21日早晨，四垒王＊＊的反馈

王＊＊：感谢徐老师，谢谢这段时间徐老师对我们的心理疏导，谢谢老师（吻吻吻吻）。

徐守森：谢谢＊＊，也替我谢谢刘＊和张＊！能收到运动员的感谢，我特别高兴！但就像老一辈运动心理学家所说的那样，是运动员成就了我们，而不是我们成就了运动员。刚才还跟李教练说呢，因为你们这么好的成绩，明天上午中央电视台还要访谈我们呢，我到时候好好地把你们夸一夸，如果有机会的话，也顺便把残疾人运动员艰难的社会保障体系说一下。

徐守森：话又说回来，这次你们取得那么好的成绩，也对 2022 年冬残奥会提出了很高的要求，估计领导很可能会期待你们能够卫冕，到时候家门口作战可不是那么容易的，继续加油吧。

王＊＊：谢谢徐老师（吻吻吻），等 2022 年还是您给我们做心理辅导。

王＊＊：是您给我们增强了心理，谢谢老师。

徐守森：不客气啦，能为奥运冠军服务是我们的荣耀！前天例会，我跟研究生已经布置了结题报告的任务，希望体管中心那边能够认可我们的工作，为后续合作争取机会。但无论如何，能认识你们是我的福分！训练时着急着你们的着急，赛场上紧张着你们的紧张，你半决赛打加拿大队的最后一投，我都已经心满意足了，决赛打挪威队的最后一投，壶一停，我流下了高兴的泪水。

王＊＊：徐老师，是有了你们的心理疏导才有今天的，疏导在前，冠军在后，谢谢老师，谢谢老师，冠军是咱们的。

徐守森：哈哈，不互相吹捧啦，一路平安哈，估计一回黑龙江也是一堆的庆祝活动，好好保重身体，好好跟家人团聚。

王＊＊：嗯呐，谢谢徐老师（吻吻吻）。

徐守森：还有你可爱的姑娘，我觉得结婚买房子可以提上日程啦。

王＊＊：嘿嘿，等秋天采完蘑菇，我给你邮蘑菇。

徐守森：好，有机会去黑龙江我也去看你们，等你们再来北京，我们再一起嗨皮。

王＊＊：嗯呐，哈哈，回家待几天就研究，哈哈，会亲家的时候给你发照片，哈哈，很快。

徐守森：好的，等待着你们的好消息！

三、媒体采访

由于寒假期间服务中国轮椅冰壶队，学校党委宣传部先后 3 次对我们的工作进行报道，也有机会 2 次"触电"（接触电视台）中央电视台体育频道，把几次新闻报道的内容放在此处，以纪念之。

（一）2018 年 2 月 13 日，学校党委宣传部的报道

2018 年 2 月 16 日是中华民族最隆重的传统佳节——春节，心理团队放弃了寒假休息，在队里坚持工作，学校党委宣传部专门进行了报道。

我校科研服务团队助力中国轮椅冰壶队备战平昌冬残奥会

2018 年平昌冬奥会已经开幕，2018 年平昌冬残奥会即将打响，中国轮椅冰壶队正在如火如荼地积极备战。我校运动科学与健康学院徐守森老师带领心理学科研究生刘海虹（研三）、赵纪龙（研二）和李佳新（研一），和我校体育教育训练学院尹军教授的研究生曹九阳（研一）一起，放弃寒假休息时间，驻队工作，共同助力中国轮椅冰壶队备战平昌冬残奥会。

2017 年 12 月中旬，经我校科研处吴昊处长接洽，徐守森老师积极申报中国残疾人联合会下属中国残疾人体育运动管理中心的科研服务与攻关课题，也是所有冬残奥项目中唯一的运动心理类课题——轮椅冰壶运动员赛前心理测评、疏导调整与专项心理技能训练系统保障。课题获批之后，徐守森老师第一时间接触教练员和运动员，并带领研究生开始

驻队工作，通过观摩训练与比赛、访谈运动员和教练员等形式，迅速熟悉轮椅冰壶的比赛规则和项目特点。之后通过心理测量、心理讲座、团体与个体心理咨询、心理训练等多种形式开展系统性的运动心理科研服务工作。

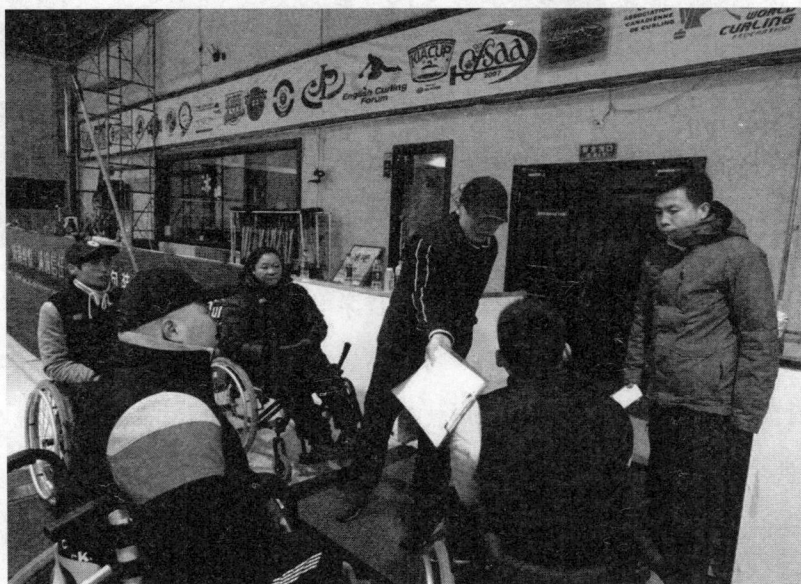

　　应队伍要求，我校体育教育训练学院体能教研室尹军教授的研究生曹九阳，学期刚结束就奔赴冰壶中心，开始为中国轮椅冰壶队运动员进行体能训练。考虑到项目特点和运动员身体残疾特点（主要是小儿麻痹和高位截瘫），他主要进行了针对上肢的身体运动功能训练，并针对运动员个人身体特点制订了个性化的训练方案。

　　自 2017 年 7 月 10 日开始，经过半年多时间的集中训练，运动员的体能储备、技战术水平均有不同程度的提升。经过徐守森老师所带领的运动心理科研服务团队的助力，经过曹九阳身体运动功能训练的辅助，运动员的身体素质和心理素质有了更大程度的提升。

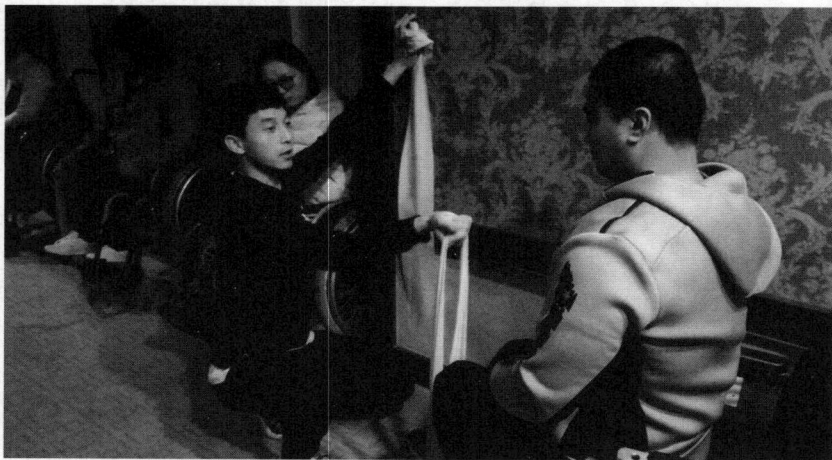

两项服务工作分别得到所属运动科学与健康学院、体育教育训练学院领导班子的大力支持，分别得到所属的心理学与教育学教研室、体能训练教研室的大力支持，学院和教研室在课程安排、仪器设备出借等方面提供了很多便利。

来稿单位：运动科学与健康学院，体育教育训练学院，科研处，研究生部

（二）2018 年 3 月 9 日，队伍出发前夕，中央电视台体育频道进行吹风报道

队伍出征前夕，中央电视台体育频道在 2018 年 3 月 9 日的《体育晨报》节目当中，曹辉、段迟、程梓桓等记者对我们的工作进行了报道，题目是：《冬残奥：再战冰壶，力争更美绽放》。跟我们心理服务工作有关的一些节目内容摘录如下：

…………

解说员：熟悉这项运动的人应该都知道，扫冰对冰壶投出后的方向

和速度有着很大的帮助，而轮椅冰壶只能凭借投手的手感和平稳的心态来决定冰壶的准确度，因此选手在比赛中必须具备良好的状态和强大的自信。而这一点，仅凭训练是不能完全解决的，就在出征前的关键时刻首都体院科学与健康学院的徐守森副教授带着他的团队来了，并且针对这一问题在训练的间隙给队员们进行了多次培训。

徐守森：经过我们这样一些科普的工作之后，包括一些专业的训练之后，能够看出来，队员之间的凝聚力会提高，沟通的时候积极的成分多了，消极的成分自然就少了，情绪管理会更好一些。

解说员：及时的心理培训使队员们如虎添翼。

…………

新闻报道的视频参见链接：

http：//2018. cctv. com/2018/03/09/VIDE8qqWrkS3B3vKNR5uKZK8180309. shtml

电视节目中的一些典型画面截屏如图 3 - 3 - 2：

a

b

c

图 3 - 3 - 2　队伍出发前，中央电视台体育频道新闻报道截屏

（三）2018 年 3 月 19 日，比赛结束，学校党委宣传部的报道

2018 年 3 月 19 日，比赛结束，中国轮椅冰壶队创造了历史，勇夺平昌冬残奥会金牌，这也是中国冬残奥会历史上的第一块金牌、第一块奖牌，学校党委宣传部对此进行了新闻报道。

平昌冬残奥会中国轮椅冰壶队得金，我校科研服务团队助力夺冠

2018 年 3 月 17 日，在平昌冬残奥会上，中国轮椅冰壶队在第 9 局加局的比赛当中，以 6：5 战胜轮椅冰壶传统强国挪威，勇夺冬残奥会金牌，这也是中国自 2002 年盐湖城冬残奥会派团参赛以来取得的第一块金牌，也是第一块奖牌，从而实现了历史性的突破。

我校心理学科教师、运动科学与健康学院心理学与教育学教研室副教授徐守森博士带领心理学科 4 名研究生刘海虹、赵纪龙、李佳新、左琪和体育教育训练科 1 名研究生曹九阳一起，为中国轮椅冰壶队备战平昌冬残奥会提供心理服务和身体运动功能训练服务，为队伍取得优异成绩做出了贡献。

这次心理服务工作周期从 2017 年 12 月 16 日确定合作方案，到 2018 年 3 月 17 日比赛结束，只有短短三个月时间，中间还有春节，时间显得更加紧迫。但是这次科研服务过程各环节都非常完整，每个步骤都没有落下，团队在短时间内做了大量工作。驻队之初，心理服务团队通过观摩训练和比赛，迅速了解了轮椅冰壶运动的项目规则和技术战术特点。随后，通过访谈 21 名集训队运动员，了解他们的成长过程和家庭背景，进而和运动员建立了信任关系。通过人格问卷、内部—外部控制量表、群体凝聚力等心理测试了解运动员的性格特点、归因风格和团结程度，进一步增进了对队伍的了解，解答了服务过程中教练员的一些困惑。心理服务团队先后进行了 15 人次的心理咨询，解答教练员、运动员、工作人员在训练、比赛和生活中遭遇的心理困惑。通过 2 次大型团队建设活动增进了教练员和运动员的信任关系，增强了队伍的凝聚力。

由于条件所限，中国冬残奥会代表团并没有将心理老师纳入出征队

伍,但是却提出了"远程服务、无缝沟通"的要求,于是心理服务团队通过 QQ、微信等多种形式和队伍保持联系,进入"平昌,轮椅冰壶群",要求教练员责成替补队员把每次赛前布置和赛后总结录音,尽快发送过来,心理服务团队及时听取会议录音,及时了解队伍动态,跟进队伍需求,并给出有针对性的指导意见。比赛结束后,教练员、运动员很快发来微信表达谢意。一垒王*就写道:"老师,谢谢您!""真的很谢谢您,学到了很多东西,给我们的帮助很大,真的感谢您!"

这是心理学科徐守森副教授第一次独立承担高水平竞技体育队伍的心理服务工作,能够帮助队伍取得这样的成绩,他倍感骄傲,也通过这次心理服务工作,锻炼了队伍,增长了才干,积累了经验,鼓舞了信心。他坦言,只有到实践中去,只有到运动队中去,才能更好地理解与应用运动心理学的知识,才能获取更鲜活的案例,回过头来反哺教学,从而实现运动心理学理论和实践的良性互动。

通过这次心理服务工作,也很好地锻炼了研究生队伍。研究生刘海虹多次放弃面试找工作的时间协助老师进行心理服务,在对阵俄罗斯、韩国的集训期间搜集对手情报。事实表明,这两个队伍在奥运赛场上也是中国队的两支主要对手。研究生李佳新春节前两天才回成都老家,大年初三就返回北京。研究生赵纪龙更是放弃寒假,陪同老师在队里一起度过了一个特殊的春节。研究生左琪虽然没有跟队,但春节期间也积极协助整理访谈录音和咨询录音,为科研课题做出了应有的贡献。跟队期间,这几位研究生都积极跟教练员、运动员沟通,在促进运动员成长的同时,也不断推动着自己的成长历程。研究生踏实肯干的工作态度,精益求精的质量意识在工作中得到体现,也得到了队伍的认可。另外,我校心理学科的研究生虽然大都有三级甚至部分研究生有二级心理咨询师资格，但是能够真正提供心理咨询服务的机会并不多。这次心理服务过程当中，徐守森老师不在队伍期间，研究生先后接诊了2人次的心理咨询，日常的专业指导更是频繁，而且都取得了不错的效果。可以说，能够接待这样高水平的来访者，对研究生来说并不容易，这对于坚定他们的专业信念、增长他们的专业才干可以起到良好的作用。

这次心理服务工作，对其他工作也有促进作用。冬残奥会结束后的第二天，微信朋友圈就有部分区县的体育教研员专门联系徐守森老师，诚恳希望徐老师能够代为联系，邀请获得冬残奥会金牌的北京市残疾人运动员到中小学德育课程或者课外活动课堂上去做讲座，用他们身残志坚、顽强拼搏的奥运精神引导中小学生健康成长。如能成行，也可以通过另外一种形式，增进竞技体育和学校教育的良性互动。

身体运动功能训练方面，研究生曹九阳进入队伍之后，就开始兢兢业业地开展工作。考虑到项目特点和运动员身体残疾特点（主要是小儿麻痹和高位截瘫），他主要进行了针对上肢的身体运动功能训练，并针对运动员个人身体特点制订了个性化的训练方案。由于任务多，队伍出征前几天，曹九阳转战在福建莆田备战的中国射击队。出发之前的早晨，他还带领运动员进行了训练，临走前还为运动员制订了详细的身体运动功能训练计划，其敬业的服务态度、专业的服务质量得到队伍的高度认可。出征平昌冬残奥会前，教练员还嘱咐运动员一定要带上迷你带，方便赛前两天进行身体运动功能训练。

这次跟队工作得到了很多方面的支持，科研处"牵线搭桥"，体能教研室"穿针引线"，运动科学与健康学院提供组织支持，心理学与教育学教研室提供后勤保障，研究生部提供人力资源，为项目顺利完成共同保驾护航。

来稿单位：运动科学与健康学院，体育教育训练学院，科研处，研究生部

（四）2018 年 3 月 26 日，队伍取得成绩，中央电视台体育频道进行宣传报道

比赛结束之后，由于队伍取得了好成绩，中央电视台体育频道记者田子专门赶到学校对学校的心理干预和体能训练工作进行了采访，采访于 2018 年 3 月 26 日的《体育新闻》当中播出，报道题目是：《北京2022：首都体育学院为中国轮椅冰壶队保驾护航》。跟我们心理服务工作有关的一些节目内容、电视节目中的一些典型画面配合语言解说截屏如下。

解说员：心理干预和训练在体育项目的建设中并不新鲜，但是真正走进心理教学团队，还是很有收获。当技术水平相同的运动员拼杀到关键时刻，比拼的就是心理素质了，因此中国轮椅冰壶队还进驻了一个由徐守森带领的心理干预团队。

CCTV5 20180326 [北京2022]首都体育学院为轮椅冰壶队保驾护航

徐守森：（关于心理讲座）我还做了一个注意力的管理，因为他们场上干扰因素会很多，还包括人际沟通、团队建设，还有很重要的一块是落选队员的心理安抚，因为他是经历了至少两轮的选拔。

刘海虹：（关于生物反馈放松训练）我们这个系统叫生理相干与自主平衡系统，我们主要用来给运动员做放松训练。

CCTV5 20180326 [北京2022]首都体育学院为轮椅冰壶队保驾护航

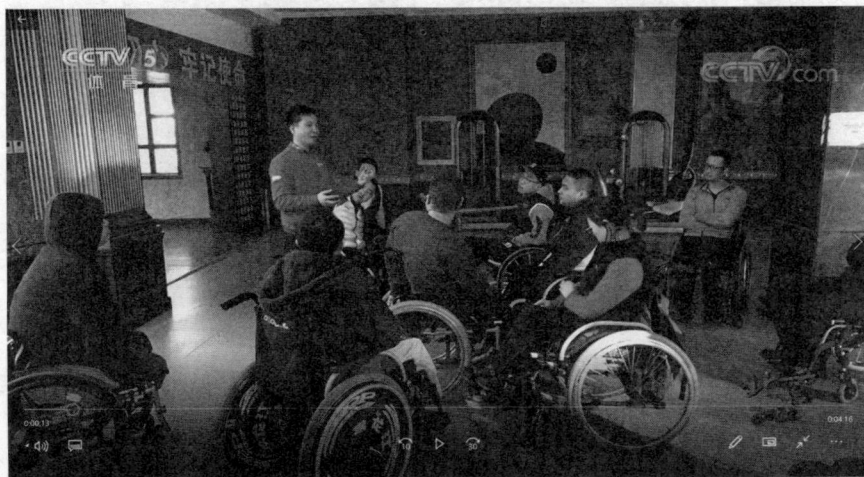

刘海虹
首都体育学院 学生
我们这个系统叫做

徐守森：放松的时候，状态好的时候，他会开花、长叶，不好的时候鸟也飞走了，叶子也变灰了，天空也变暗了，这本身就是一种反馈。

给运动员做放松训练

刘海虹：运动员也可以通过这个报告来看看自己哪儿有不足，然后通过循环的一个过程来不断提高自己。

徐守森：（关于心理咨询）当他情绪很激动的时候，他（运动员）

会注意力很狭窄，思维的范围也会很窄，只想到事物的一方面，我们就会通过我们问题的引导，会问他（运动员），如果这么做的话，会有哪些可能的结果……

（五）2018年3月28日，教练组发来感谢信，学校党委宣传部的报道

【助力冬奥，我们在行动】我校收到国家轮椅冰壶队感谢信

近日，我校收到了来自国家轮椅冰壶队的感谢信，信中对我校科研服务团队助力国家轮椅冰壶队在2018年平昌冬残奥会上夺得金牌所做出的努力与付出表示了感谢。

在3月17日结束的2018年平昌冬残奥会轮椅冰壶决赛中，中国轮椅冰壶队以6:5战胜轮椅冰壶传统强国挪威队，勇夺冬残奥会金牌，实现金牌、奖牌两项零突破，创造了历史。这块沉甸甸的金牌不仅凝聚着轮椅冰壶队员的汗水与泪水，同样也凝聚着首体院科研服务团队的辛苦努力与付出。

125

　　我校此次科研服务团队由运动科学与健康学院心理学与教育学副教授徐守森博士及心理学科研究生刘海虹、赵纪龙、李佳新、左琪，体育教育训练学院院长尹军教授及其研究生曹九阳组成。他们分别为中国轮椅冰壶队在平昌冬残奥会上取得历史性的突破，提供了坚强而有力的心理服务和身体运动功能训练服务，为本次成绩的取得做出了巨大的贡献。

　　这是徐守森副教授第一次独立承担高水平竞技体育队伍的心理服务工作，工作周期从 2017 年 12 月 16 日确定合作方案，到 2018 年 3 月 17 日比赛结束，只有短短三个月时间，中间还有春节，时间显得更加紧迫。驻队之初，心理服务团队通过观摩训练和比赛，迅速了解轮椅冰壶运动的项目规则和技术战术特点。受条件所限，中国冬残奥会代表团并没有将心理老师纳入出征队伍，本着"远程服务、无缝沟通"的要求，心理服务团队通过各种形式和队伍保持联系，了解队伍动态，跟进队伍需求。比赛结束后，教练员、运动员第一时间表达了对心理服务团队的谢意。一垒王＊就写道："老师，谢谢您！""真的很谢谢您，学到了很多东西，给我们的帮助很大，真的感谢您！"

　　本次心理团队服务工作能够帮助队伍取得这样的成绩，每一个人都倍感骄傲。徐守森坦言，只有到实践中去，只有到运动队中去，才能更好地理解与应用运动心理学的知识，才能获取更鲜活的案例，回过头来反哺教学，从而实现运动心理学理论和实践的良性互动。

　　身体运动功能训练团队由我校体育教育训练学院院长尹军教授带队。团队于 2017 年 12 月正式进驻中国轮椅冰壶队训练中心，开始为运动员进行运动功能测试与评估，通过分析测试结果同时结合轮椅冰壶项目特点，创造性地设计了轮椅冰壶身体运动功能训练方法和功能动作评估系统，为主力队员以最佳身体状态完成全程比赛发挥了保驾护航作用。

几个月的平昌冬残奥会备战训练，不仅探索了轮椅冰壶运动员的身体运动功能训练特点，也找到了运动负荷控制方法，很好地丰富了身体运动功能训练内容体系和方法体系，同时为我校身体运动功能训练团队更好地服务 2020 年东京奥运会和 2022 年冬奥会奠定了基础。我校体能教研室是一支优秀的团队：2017 年教研室获批"北京市高校教师团队建设——学术创新团队"，荣获"北京市高等教育教学成果奖"一等奖 1 项，获批省部级项目 2 项，校级青年教师教学基本功比赛一等奖 1 项，SCI 论文 1 篇、核心期刊论文 5~6 篇；2018 年所服务的中国轮椅冰壶队取得历史性的金牌零突破，史衍博士参与服务的 U 型场地技巧项目获得银牌也是历史性突破。

来稿：运动科学与健康学院、体育教育训练学院、科研处、研究生部

首都体育学院

CAPITAL UNIVERSITY OF PHYSICAL EDUCATION AND SPORTS

感谢信

首都体育学院：

　　我们是国家轮椅冰壶队，2018平昌冬残奥会轮椅冰壶项目的冠军队伍。这枚冬残奥会历史首金的获得，离不开贵校徐守森副教授和他所带领的团队——研究生刘海虹、赵纪龙、李佳新，给予的帮助与支持。自驻队以来，徐教授与队伍同吃同住，每天至少6-7个小时在冰场观察每位运动员心理的细微变化，根据队伍需求安排心理讲座，进行团队凝聚力建设，主动约谈思想有波动的队员，鼓舞入选队员信心，安抚落选队员情绪，坚定教练员的信念，凭借专业的技术和敬业的精神，徐教授及他所带领的心理团队做了大量困难、细致的工作。在此，国家轮椅冰壶队的所有成员对徐教授和他所带领的团队表示由衷的感谢，对首都体育学院领导的大力支持表示感谢，期待下一次的合作。

国家轮椅冰壶队

2018年3月22日

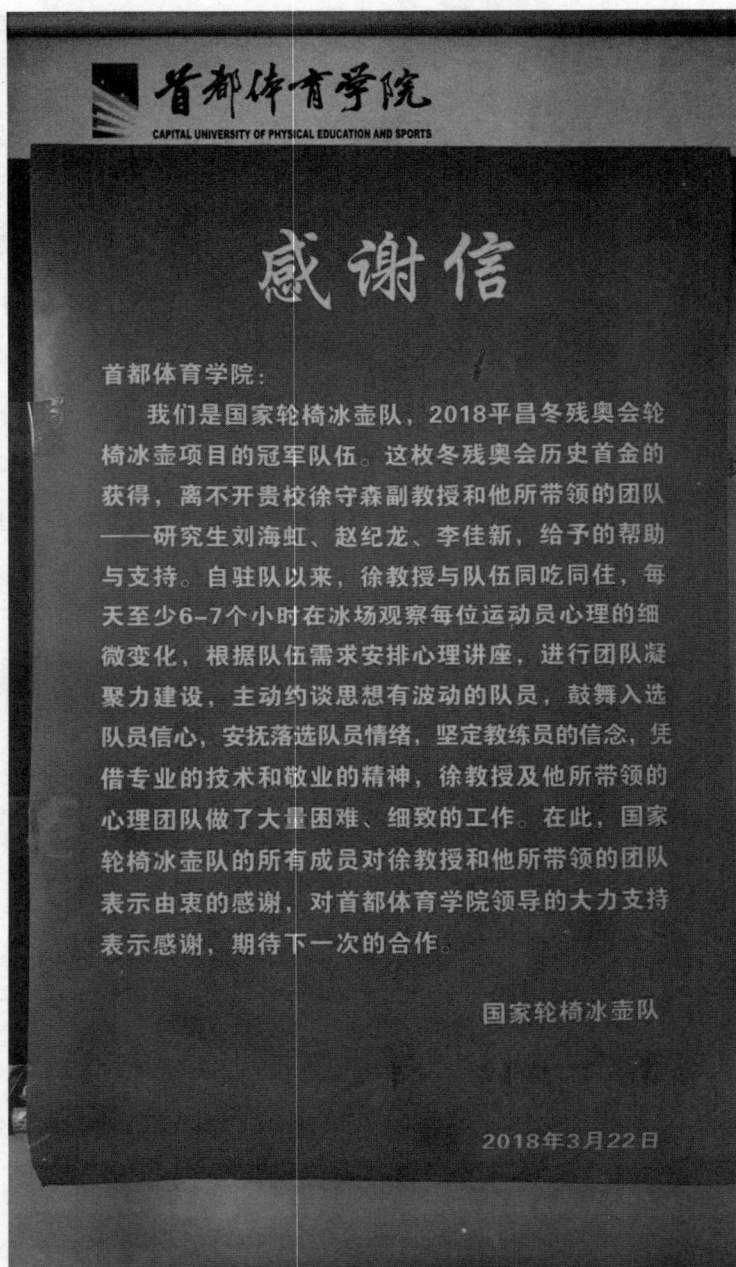

中国轮椅冰壶教练组发来的感谢信被校办放大后放在教学楼大厅里展出

第四章　心理训练背后的逻辑：正念训练在体育运动领域的应用

正念（Mindfulness）是心理咨询领域认知行为疗法第三浪潮的核心成分，科学的正念自 20 世纪 90 年代在美国诞生以来，在世界范围内获得了蓬勃发展，先后诞生了若干种理论。正念减压疗法主要用于缓解压力、减轻疼痛（Jon Kabat‑Zinn，1990）；辩证行为疗法主要用于治疗边缘型人格障碍（莱恩汉，1993）；正念认知疗法主要用于治疗抑郁复发，进而扩展到负性情绪应对（威廉姆斯等，2000）；接纳与承诺疗法则相对综合，在囊括了正念理念的同时，试图建立心理咨询和心理治疗的整合模型（Hayes 等，1996）。

第一节　正念—接纳—承诺理论简介

受到正念浪潮的影响，国际上运动心理咨询研究者也把正念引入竞技体育领域，主要从心理技能训练的角度切入，先后发展起来两支影响力较大的理论，分别是正念—接纳—承诺理论（mindfulness‑acceptance – commitment，以下简称 MAC）和正念运动表现促进理论（mindful sport performance enhancement，以下简称 MSPE）。

几种理论流派之间的演进关系如图 4 – 1 – 1 所示，正念是所有理论的根基，以正念为基础，正念减压疗法发展得最早也最基础，辩证行为疗法、正念认知疗法和接纳与承诺疗法齐头并进，关注不同领域。其中，MAC 的理论基础是正念认知疗法和接纳与承诺疗法（Gardner，Moore，2004），MSPE 的理论基础是正念减压疗法和正念认知疗法（Kaufman 等，2009）。

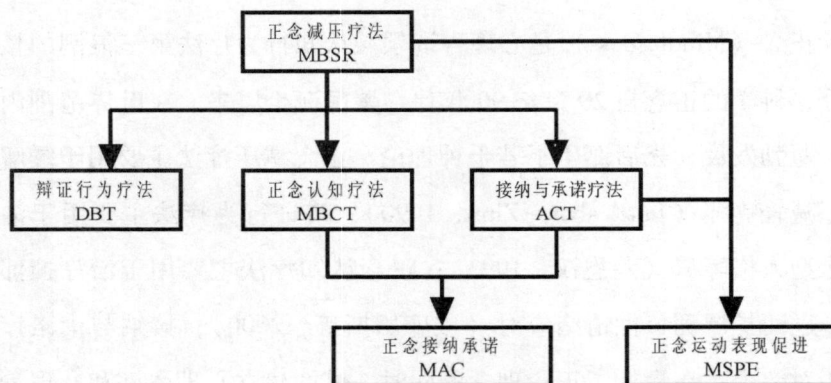

图 4 – 1 – 1　正念各分支理论之间的演进关系

目前，国内运动心理咨询领域关于正念的研究还处于起步阶段，很多研究者还不能很好地区分正念减压疗法、正念认知疗法、辩证行为疗法和接纳与承诺疗法，在研究设计和实践操作中大多以 MAC 理论为基础，在称呼上往往将它们统称为正念。其实在正念运动心理发展历史上，MAC 理论只活跃过一段时间，目前在国际运动心理学界已经少有人问津，但是国内运动心理学界依然对 MAC 非常关注，很多研究依然在套用 MAC 的程序，这不但在很大程度上误导了一线心理技能训练实践者的工作思路，而且阻碍了正念其他核心理论在国内竞技体育领域的推广与应用，也不利于国内同行进行广泛深入的国际交流。

所以本研究的目的在于，梳理 MAC 在国内外心理技能训练领域的发展脉络，厘清 MAC 与其来源理论 MBCT、ACT 的区别与联系，汇总国内外既往的 MAC 研究成果，概括其中的长处，发现其中的不足，并探讨 MAC 未来的发展方向，以加深国内心理技能训练领域研究者和从业者对 MAC 的理解，在批判继承的基础上，推动正念核心理论在国内心理技能训练领域的应用和发展。为了实现该目的，本研究追溯国内外 MAC 领域迄今为止的文献，首先厘清几个正念分支理论之间的演进关系，解决正念理论应用方面混乱的问题，并明晰 MAC 在心理技能训练领域的地位和作用；其次，通过分析 MAC 的缘起、理论要义和操作程序，澄清了 MAC 与其两大理论基础——正念认知疗法、接纳与承诺疗法之间的区别与联系，明确了 MAC 的价值与局限；最后，通过述评国内外 MAC 的理论和实证研究，既承认 MAC 的历史贡献，也发现 MAC 研究存在的不足，并指出其未来可能的发展方向，进而为国内运动心理学工作者更好地进行正念心理技能训练的研究与应用提供参考。至于 MSPE，笔者也将单独撰文论述。

一、MAC 的缘起

MAC 的创始人是美国托罗学院的 Gardner 教授和曼哈顿学院 Moore 教授。MAC 的发展起源于对传统心理技能训练技术（psychological skill training，PST）应用效果较差的挑战，主要借鉴了正念认知疗法和接纳与承诺疗法的理论精髓和操作程序（Gardner，Moore，2004）。

基于对过去 20 年文献的元分析，Gardner 和 Moore（2006）发现，支持传统心理技能训练和运动表现提高之间关系的研究结果几乎为零，该元分析关注到的传统心理技能训练技术主要包括：目标设置（goal - setting）、表象训练（imagery training）、自我谈话（self - talk modification）、唤醒控制（arousal control）以及综合性干预等，详见表 4 - 1 - 1。可以说，该研究对传统心理技能训练技术促进运动表现的价值发起了严重挑战。

表 4 - 1 - 1　传统心理机能训练技术和运动表现之间关系的研究汇总

具体的心理技能训练方法	涉及心理技能训练提高运动表现的研究个数	研究设计符合美国心理学会 12 分会特别小组设置的心理过程实证支持的决定标准的研究个数	研究结果支持心理技能训练对运动表现有提高作用的研究个数
目标设置	6	2	0
表象训练	7	6	0
自我谈话	7	4	0
唤醒控制	5	4	0
综合性干预	32	12	0

（摘自 Gardner F L, Moore Z E. Evaluating the Efficacy of Traditional Performance Enhancement Interventions ［M］//GARDNER F L, MOORE Z E. *Clinical Sport Psychology*（63 - 95）. Champaign：Human Kinetics, 2006：84 - 95）

二、MAC 的理论要义

（一）理论基础：正念认知疗法和接纳与承诺疗法

随后，受到当时认知行为主义第三浪潮的影响，Gardner 和 Moore

发展出了 MAC，重点借鉴了正念认知疗法和接纳与承诺疗法的理论精髓和研究成果，终极目的在于提高运动员的竞技表现。

MBCT 是将认知疗法（cognitive therapy，CT）和正念减压疗法进行融合而形成的心理治疗方法，最初用于治疗抑郁症复发，目前被广泛运用于各种精神疾病的治疗，其核心训练技术主要借鉴了正念减压疗法，包括身体扫描、静坐冥想、行走冥想、注意运动、三分钟呼吸空间等（刘兴华等，2008）。

接纳与承诺疗法的内涵比正念更加丰富，其理论渊源和师承关系可以追溯到斯金纳的行为主义。接纳与承诺疗法的哲学基础是功能性语境主义，理论基础是关系框架理论（王淑娟等，2012）。接纳与承诺疗法认为，导致心理僵化的原因来自六个过程，经验回避、认知融合、概念化过去和恐惧化未来的主导、执着于概念化自我、价值观不明确、无为/冲动或逃避，这六个过程被称为心理病理模型。而导致心理灵活性的原因来自另外六个相反的过程，经验接纳（experiential acceptance）、认知解离（cognitive defusion）、正念/活在当下（mindfulness/being present）、以己为景（self as context）、价值（values）和承诺行动（committed action），这六个过程被称为心理治疗模型（张嫣等，2012）。

正念认知疗法和接纳与承诺疗法，尤其是后者对 MAC 的启发作用，在下述 MAC 的操作程序中表现得更加清晰。

（二）操作程序：从 5 阶段到 7 模块的演进

根据 Moore（2009）的介绍，MAC 的操作程序最初包括固定的 5 个阶段（phases）、8 个时段（sessions），对正念认知疗法的咨询内容、应对策略和教育性，以及接纳与承诺疗法的接纳承诺、行动等进行整合。5 个阶段的具体内容包括如下几项。

（1）心理教育阶段（psychoeducation phase）。

（2）正念阶段（mindfulness phase）。

（3）价值识别和承诺阶段（values identification and commitment phase）。

（4）接纳阶段（acceptance phase）。

（5）整合和实践阶段（integration and practice phase）。

后来，MAC改造为7个灵活的可以自由组合的模块，包括以下几项。

（1）用心理教育让来访者做好准备（preparing the client with psych-oeducation）。

（2）介绍正念和认知解离（introducing mindfulness and cognitive de-fusion）。

（3）介绍价值和价值驱动的行为（introducing values and values - driven behavior）。

（4）介绍接纳（introducing acceptance）。

（5）提高承诺（enhancing commitment）。

（6）技能的巩固与稳定——联合正念、接纳和承诺（skill consoli-dation and poise—combining mindfulness, acceptance, and commitment）。

（7）维持和提高正念、接纳和承诺（maintaining and enhancing mindfulness, acceptance, and commitment）。

之所以做出改变，按照Moore的解释，①通过扩展时段的数量，可以为一个模块转换到下一个模块提供更多的选择，从而让咨询师更灵活、更充分地贴合来访者的需求；②科学在指导着实践，实践也在塑造着科学，使用MAC的临床经验提示，在技能训练的顺序上，需要做出一些微调；③通过把经验接纳的概念放到承诺的概念之前，改变了技能发展的顺序。

对比 MAC 和正念认知疗法、接纳与承诺疗法后可以看出，MAC 的操作程序，无论是 5 阶段还是 7 模块，其整体轮廓更像是"穿靴戴帽"的接纳与承诺疗法。以 7 模块为例，除去开始部分的心理教育，其余 6 个核心概念中，有 5 个来自接纳与承诺疗法治疗模型，1 个来自接纳与承诺疗法的标题，所以可以做出结论，MAC 的核心概念全部来自接纳与承诺疗法。

三、MAC 的研究述评

（一）国外的 MAC 研究

表 4 - 1 - 2 汇总了研究者能够查询到的 MAC 自产生以来国外积累的量化研究。

从表 4 - 1 - 2 可以发现，MAC 从 2004 年产生到 2011 年结束，持续了不到 10 年的时间，虽然创始人力图扩展正念在体育运动中的应用范围，涉足的运动项目较为广泛，涉及的运动员水平也较高，但不足之处也很明显：①研究范式为个案研究为主，大样本的定量研究数量极少，这在一定程度上限制了其研究结论的稳定性。②研究对象以高水平运动员为主，其理论推广价值受到挑战。可以说，虽然研究者提出了 MAC 的理论，以便与正念认知疗法和接纳与承诺疗法区分，但积累的干预研究数量有限，有积极进取、开疆辟土的意愿，同时也有标新立异、哗众取宠的嫌疑。

表4-1-2 国外MAC积累的干预研究

作者	被试	研究设计	研究目标	研究结果
Gardner, Moore (2004)	1名成年精英运动员 1名一级大学生游泳运动员	个案研究	评价MAC有用性	自我报告的注意集中能力和经验接纳水平有所提高（d=1.2-2），达到了个人最好的竞技表现
Lutkenhouse (2007)	1名一级大学生长曲棍球运动员	个案研究	评价MAC有用性	自我报告的行为功能提高，运动表现提高
Schwanhausser (2009)	1名精英成人举重运动员 1名一级大学生游泳运动员	个案研究	评价MAC有用性	自我报告的正念觉察、正念注意、经验接纳、流畅有所提高，实际的跳水表现提高
Wolanin (2005)	11名一级大学生运动员（女子垒球运动员、网球运动员）	开放实验	比较MAC和控制组	教练评价竞技表现，MAC组提高37%，控制组提高14%
Hasker (2010)	19名二级大学生运动员（来自不同项目）	开放实验	比较MAC和PST	对内部体验加以描述并不做反应的能力，经验接纳，以及针对目标采取行动的能力，MAC组均大于PST组
Lutkenhouse, Gardner, Moore (2007)	118名一级大学生运动员（男、女足球运动员，女子曲棍球运动员，男、女工作人员，男子摔跤运动员）	随机控制实验	比较MAC和PST	MAC：32%的人表示，教练评定的表现方面，至少提高了20%；PST：10%的人表示，运动表现提高了20%。自我报告的正念觉察、正念注意、经验接纳、整体流畅感等方面，MAC>PST更专注于任务，并且教练评定认为，练习积极性提高，比赛攻击性增强

续表

作者	被试	研究设计	研究目标	研究结果
Garcia, Villa, Cepeda, et al (2004)	16名英国皮划艇运动员	非随机匹配控制	比较改编的ACT和催眠	在独木舟训练装置上的任务表现中，ACT组＞催眠干预组
Bernier, Thienot, Codron, et al (2009)	7名精英级未成年的高尔夫选手	开放实验	比较改编的ACT和PST	ACT组4名被试的国家排名提高，3名PST组中有2名被试的国家排名没有提高；自我报告的心理技能的形成方面，ACT＞PST
Aherne, Moran, Lonsdale (2011)	13名大学生运动员（来自不同项目）	随机控制实验	比较正念干预和控制组	在整体流畅得分（d＝1.66），在清晰的目标，控制感和模糊的反馈等子量表上，正念组＞控制组
Thompson, Kaufman, De Petrillo (2011)	15名成人运动员（11名射箭选手，21名高尔夫选手，25名长跑运动员）	开放实验	比较正念干预和控制组	正念参与组被试，其对觉察做出反应的能力，整体特质正念，整体流畅感等显著提高；针对任务的焦虑，针对任务的想法显著降低；跑步者跑步时间显著缩短

备注：MAC＝正念接纳承诺疗法；PST＝传统心理技能训练；ACT＝接纳与承诺疗法

（摘自GARDNER F L, MOORE Z E. Mindfulness and acceptance models in sport psychology: A decade of basic and applied scientific advancements. Canadian Psychology/Psychologie canadienne, 2012, 53 (4): 309－318, 314－315.）

（二）国内的 MAC 研究

理论研究方面，钟伯光等（2013）的综述是国内运动心理学界正念研究领域的奠基之作，研究对正念的成分、作用机制以及正念与传统心理技能训练之间的关系进行探讨，并对正念在中国运动心理学领域的应用进行了深入细致的讨论。姒刚彦等（2014）在逆境应对理论基础上，根据多年科研和一线实践工作经验，参考国内外已有的正念训练思想与方法，延伸出以接纳为基础的心理行为训练方案——正念—接纳—觉悟—承诺（mindfulness – acceptance – insight – commitment，以下简称 MAIC）训练程序，并对其思想来源和内容架构进行详细介绍。随后，以该研究为蓝本，姒刚彦等（2014）出版了《运动员正念训练手册》。

在正念和具体运动项目相结合的理论建构方面，刘淑慧、徐守森（2013）在接触正念之初，敏锐地发现了正念对射击运动的独特价值，试图找出正念训练和以往射击心理技能训练的相通之处，以期为射击队后续开展心理训练工作提供借鉴。徐守森和刘淑慧（2014）最初借助对正念的了解，试图把正念和射击运动进行结合，提出了射击运动正念训练的层级递进结构，但这个结构尚缺乏实践验证。李四化等（2015）试图把正念和射击项目的结合进一步深入，主要从 MBSR 中觉察的角度出发，创造了空枪、实弹和强化好习惯等结合射击专项的正念练习方法，但这些方法也缺乏实证证据。

实证研究方面，国内运动心理领域关于正念、MAC 的干预研究成果已经积累了 9 篇，刨除刘海楠（2012）的不算严格意义上的 MAC 研究，以及吕尧军（2015）的研究被试数量较多之外，其余 7 项干预研究均属个案研究，延续了和国外 MAC 干预研究的命运，详见表 4 – 1 – 3。此外，还存在较多理论混用的现象，很多研究模糊地将干预措施称为正念训练，并没有很好地界定具体借鉴了哪种理论基础，其实正念各种分支理论的侧重点、应用范畴和操作手段还是存在很多不同的。再例如有研究将正念认知疗法和 MAC 相结合，MAC 本来就源自正念认知疗法和接纳与承诺疗法的组合，如何再次与正念认知疗法相结合呢？诸如此类，不一而足。

四、MAC 后续发展与未来展望

在正念发展史上，MAC 曾经做出过独特的贡献，它创造性地将正念认知疗法和接纳与承诺疗法进行整合，把正念引入运动心理技能训练领域，扩展了正念的应用范围。从概念结构看，它主要是借鉴了接纳与承诺疗法的理论精髓与操作手段，从而也扩展了接纳与承诺疗法的应用范围，尤其创始人后期所提出的 7 模块自由组合的思想，更是淋漓尽致地体现了接纳与承诺疗法心理灵活性的原则。

遗憾的是，国际运动心理领域关于 MAC 的实证研究到 2009 年戛然而止，最新的英文文献仅能检索到 2012 年，两位研究者 Gardner 和 Moore（2012）对 MAC 近 10 年的发展情况做了一个梳理，也算给 MAC 画上了一个圆满的句号，虽然后来因为受到其他研究者（David，2014）的质疑也进行过回应（Gardner，Moore，Marks，2014），但除此之外，再无进展。究其原因，Gardner 和 Moore（2013）已经将研究重心转向语境愤怒调节疗法（contextual anger regulation therapy），两人已经成为接纳与承诺疗法的国际组织——语境行为科学学会（Association of Contextual Behavioral Science，ACBS）会员，并试图把接纳与承诺疗法引入愤怒这一负性情绪管理领域。当然，还有一种可能，虽然 Gardner 和 Moore（2012）一直在坚持夯实 MAC 的科学基础和实证证据，但是 MAC 的实际效果或许并没有那么理想。

表 4 - 1 - 3　国内运动心理咨询领域关于正念的实证研究

作者	题目	被试	研究类型	研究设计	自变量	因变量	研究结果
刘海楠（2012）	"接受"与"改变"：两种不同理念指导下的青少年运动员心理韧性干预研究	62名青少年运动员	干预研究	实验组控制组前后测不等组相等组准实验设计	控制组+韧性组、韧性组、佛教组两种心理干预	青少年心理韧性量表、运动员训练韧性调查问卷、简式韧性问卷	实验组韧性水平提高、实验组大部分维度优于控制组
卜丹冉（2013）	以正念接受为基础的心理干预对省级运动员表现提高的影响	3名散打运动员	个案研究	多重基线水平的 ABAB 单被试实验设计	MAIC	五因素正念量表、接纳和行动问卷、运动员和教练员评估	正念水平提高、接纳水平改善、运动表现提高
赵大亮张鸽子（2013）	正念一接受训练方式缓解武术运动员 Choking 的研究	4名武术运动员	个案研究	A - B 跨基线多被试设计	MAC	特质性焦虑量表（SAS）、自我意识测量表（SCS）、难度动作完成情况	特质焦虑、自我意识分数显著降低，全国锦标赛中都未发生 Choking 现象
杨舒张忠秋（2014）	正念认知干预训练对高水平运动员压力应对相关心理指标的影响	4名运动员	个案研究	多基线个案实验设计	MBCT 和 MAC 相结合	运动员心理追踪分析仪、五因素正念量表、生理相干自主平衡系统、状态焦虑量表及简式 POMS	正念水平提高，心理调节能力提升，焦虑降低，情绪状态改善

140

续表

作者	题目	被试	研究类型	研究设计	自变量	因变量	研究结果
殷元梅 (2015)	正念训练与射击运动员的流畅状态	14名射击运动员	个案研究	单组被试前测后测准实验设计	正念训练	正念水平、流畅状态	正念水平提高，流畅状态提高
冯国艳、姚刚彦 (2015)	花样游泳运动员正念训练干预效果	6名游泳运动员	个案研究	多重基线水平的ABA单被试实验设计	正念训练	正念水平、接纳水平、注意力集中程度、心境、心理韧性、训练质量	正念、接受、注意力、正向心境和心理韧性水平均有所提高
吕尧军 (2015)	正念训练的心理效应对大学生飞镖运动表现的影响	43名运动心理学大一学生	干预研究	2（实验组控制组）*3（前测、后测、追踪）混合实验设计	MAC组和控制组	飞镖成绩、正念水平、心理流畅度、经验回避现象	MAC组在正念技能、心理韧性、心理流畅度、飞镖表现上显著优于控制组
卜丹冉 (2015)	"正念—觉察—接受—投入"训练对网球运动员心理的个案研究	1名网球运动员	个案研究	个案研究	MAIC	正念水平、接纳水平、特质流畅状态、心境状态	正念水平提高，接纳水平改善，特质、心境状态流畅状态均提升
李伟康 (2015)	正念训练对高校乒乓球运动员 "choking" 现象的影响研究	10名乒乓球运动员	个案研究	实验组控制组前测后测实验设计	正念组和控制组	运动表现、Chocking指数、正念水平	正手发下旋球成绩提高，Chocking指数下降显著，正念水平无显著差异

国内运动心理领域受到正念思潮的影响，开始尝试将正念系列理论引入运动心理训练领域，但还处于起步阶段，在这种情况下，把握好正确的方向，与国际心理学、运动心理学同行保持同步非常重要。MAC及其衍生理论 MAIC 或许也有不错的发展空间，但是与正念认知疗法和接纳与承诺疗法的研究成果相比，尤其是和接纳与承诺疗法相比，接纳与承诺疗法有扎实的哲学基础、整合的理论架构、多样的操作手段、丰厚的研究成果，MAC 的研究基础就显得相对薄弱，国内研究者在借鉴时还需谨慎。考虑到 MAC 的发展历程，我们也建议，在未来，国内运动心理技能训练和运动心理咨询领域的工作者与其关注 MAC，倒不如跟随 MAC 理论创始人的步伐，更多地关注接纳与承诺疗法。

第二节　正念运动表现促进简介

迄今为止，尚未见到有研究对正念运动表现促进理论进行综述。虽然钟伯光、姒刚彦、张春青（2013）曾经对正念在运动竞技领域，主要是心理技能训练领域的应用进行过综述，但是其中对 MSPE 只是略有涉及，还需要进一步细化。本节的目的在于梳理 MSPE 的理论基础、训练步骤、实证研究，以期为国内运动心理领域工作者进行正念研究和干预提供借鉴。

一、理论基础

MSPE 的创始人是美国天主教大学（The Catholic University of America）的 Keith A Kaufman 和 Carol R. Glass，其研究兴趣主要集中在运动

心理学、正念、认知行为治疗等领域。明确指出，MSPE 的理论基础是正念减压疗法和正念认知疗法。

二、操作步骤

MSPE 干预方案先后包括两个版本，初始版干预方案以正念减压疗法创始人 Kabat – Zinn 的工作为基础，分为 4 次会谈，持续 4 周，每周 1 次会谈，每次会谈 2.5 ~ 3 小时，整个训练既可以以团体形式进行，也可以用于运动员个体干预。

将 MSPE 干预方案扩展为 6 次会谈，持续 6 周，每周 1 次会谈，每次会谈 1.5 小时，每次持续时间有所缩短，但整体次数增加。此外，笔者也建议，带领者也可以根据运动员繁忙的日程安排进行调整。扩展版 MSPE 干预方案提纲如表 4 – 2 – 1 所示。

表 4 – 2 – 1 扩展版 MSPE 干预方案提纲

课　次	内　容
第一次课 （约 90 分钟）	①心理准备与课程原理，介绍工作坊的概念、原理，正念训练的定义，以及运动所关注的核心的心理因素 ②团队相互介绍 ③糖果练习和讨论（20 分钟） ④静坐冥想介绍，主要是观呼吸练习（10 分钟）然后讨论 ⑤讨论这一周的家庭练习，要求在第二次课之前，完成静坐冥想练习 6 次，每次 10 分钟 ⑥第一次课的总结和讨论
第二次课 （约 90 分钟）	①讨论家庭练习 ②讨论将冥想训练应用于运动 ③身体扫描冥想（30 分钟），然后讨论 ④静坐冥想练习，重点关注呼吸（10 分钟），然后讨论

续表

课　次	内　容
	⑤讨论下一周的家庭练习，要求在第三次课之前进行身体扫描练习1次，每次30分钟；在第三次课之前进行静坐冥想练习5次，每次10分钟 ⑥第二次课总结，讨论
第三次课 （约90分钟）	①讨论家庭练习 ②正念瑜伽练习（40分钟），然后讨论 ③静坐冥想练习，重点关注呼吸和身体（15分钟），然后讨论 ④讨论下一周的家庭练习，要求第四次课之前进行身体扫描练习1次，30分钟；第四次课之前进行正念瑜伽练习1次，40分钟；第四次课之前进行静坐冥想练习4次，每次15分钟 ⑤第三次课的总结和讨论
第四次课 （约90分钟）	①讨论家庭练习 ②正念瑜伽练习（40分钟），然后讨论 ③行走冥想练习（10分钟），然后讨论 ④简短的静坐冥想练习，重点关注腹式呼吸（3分钟） ⑤讨论下一周的家庭练习，要求第五次课之前进行身体扫描练习1次，30分钟；第五次课之前进行正念瑜伽练习2次，每次40分钟；第五次课之前完成行走冥想练习3次，每次10分钟 ⑥第四次课的总结和讨论
第五次课 （约90分钟）	①讨论家庭练习 ②静坐冥想练习，重点关注呼吸、身体和声音（23分钟），然后讨论 ③行走冥想练习（10分钟），然后讨论 ④特定的运动冥想练习（13分钟），然后讨论 ⑤简短的静坐冥想练习，重点关注腹式呼吸（3分钟） ⑥讨论下一周的家庭练习，要求第六次课之前进行静坐冥想练习3次，每次23分钟；第六次课之前进行行走冥想练习1次，10分钟；第六次课之前进行特定的运动冥想练习2次，每次13分钟 ⑦第五次课的总结和讨论

续表

课　次	内　容
第六次课 （约 90 分钟）	①讨论家庭练习 ②运动冥想（13 分钟），然后讨论 ③身体扫描练习（30 分钟），然后讨论 ④简短的静坐冥想，主要关注腹式呼吸（3 分钟） ⑤工作坊总结，讨论后续练习，探讨回家之后继续练习的策略，要求在家继续练习，每周正念练习 6 次，每次 30 分钟

（摘自 PINEAU T R，GLASS C R，KAUFMAN K A. Mindfulness in Sport Performance [M] //Ie C. N. A.，LANGER E.，Handbook of mindfulness. Oxford：WileyBlackwell，2014：57 – 58.）

分析 MSPE 的课程设计，可以发现如下特点。

（1）每次课的课时基本固定，都是 90 分钟，这和正念减压疗法的八周训练一样，但是时间长度略有缩短。

（2）和正念减压疗法、正念认知疗法一样，从第一周开始，就包含大量的家庭练习，练习内容既包括这次课学到的正念练习，也包括以往课上学到的正念练习。

（3）从第二次课开始到最后一次课结束，每次课都以对家庭练习的讨论开始，都以对这节课的总结和讨论结束。

（4）和正念减压疗法、正念认知疗法一样，非常强调正念练习，先后进行的正念练习由浅入深，依次是：静坐冥想（观呼吸）—身体扫描—正念瑜伽—行走冥想—运动冥想。

（5）随着课程次数增加，正念练习不断深入，正念练习的种类逐渐增多，学会的正念训练不断巩固；正念练习的时间也在逐渐延长，从第一次课后一周之内完成静坐冥想练习 6 次，每次 10 分钟，发展到第六次课时每周正念练习 6 次，每次 30 分钟。

（6）随着课时增加，动态正念练习的强度逐步增加，从静态的静坐冥想、身体扫描逐步转移到动态的正念瑜伽、行走冥想和运动冥想，从而完成从一般正念到运动正念的过渡。

三、实证支持

作为一种新兴的分支理论，除了上述理论基础的探讨、干预方案的修订之外，MSPE 迄今为止也积累了一定的实证证据，干预效果也不尽相同。

在最早的实证研究中，Kaufman，Glass 和 Arnkoff（2009）以最初的 4 周干预方案为基础，以 11 名射箭运动员和 21 名高尔夫运动员为被试，采取单组被试内前测后测准实验设计，考查 MSPE 干预对运动表现和系列心理变量的影响作用。研究结果表明，运动表现方面，无论是射箭运动员还是高尔夫运动员，干预前后差异并不显著；但是心理效益方面，两个项目的运动员在运动焦虑、思维中断的部分维度上有所降低，在完美主义（和假设相反）、运动自信、正念、流畅的部分维度上有所提高，整体来看，心理效益略有提升。依然基于初始版 MSPE 干预方案，以 25 名业余长跑运动员为被试，采取实验组—控制组前测后测实验设计，实验组 12 名被试，控制组 13 名被试，考查 MSPE 干预和控制组在运动表现和心理效益上的差异。研究结果表明，实验组心理效益提升明显，具体表现在实验组在运动焦虑、完美主义、思维中断的部分维度上有所降低，正念的部分维度上有所提高，伴随着干预时间增加，状态正念不断提升。但是在运动表现促进方面，MSPE 干预依然没有表现出明显效果。对参加上述两个研究的 25 名运动员在干预一年后进行追踪研究，发现运动员的特质正念有显著提升，其中高尔夫运动员和业余长跑运动员都报告其运动成绩也有显著提升。由于没有控制组，不能说这种成绩变化就是 MSPE 干预的结果，但是随后相关分析的结果暗示了这种可能性，高尔夫运动员的成绩提高和特质流畅的提升相关显著，跑步运动员的成绩提高和正念特质的提升相关显著。

Pineau（2014）验证扩展版 MSPE 的干预效果，他们以 55 名大学生长跑运动员为被试，其中 24 名被试在控制组，16 名被试接受扩展 MSPE 干预，15 名被试接受扩展版 MSPE 外加自我慈悲（self - compassion）的干预，这种扩展版 MSPE 外加自我慈悲的干预被称为 MSPE - SC。研究结果并不理想，甚至和研究假设相反，接受 MSPE 和 MSPE - SC 干预的跑步运动员，其状态正念或特质正念、自我慈悲、运动表现、身体意象等和控制组的运动员相比，差异并不显著。研究者认为，扩展版 MSPE 在专业运动员身上是否适用，还需要进一步考证。

可以发现，目前为止，无论是初始版 MSPE 还是扩展版 MSPE，其干预效果更多地表现在心理效益方面，包括运动焦虑、思维中断、完美主义等的降低，以及特质正念和状态正念、状态流畅和特质流畅的提升等，但是其对运动表现的促进作用还有待进一步证实，而且被试数量还有待增加，所涉及的运动项目还有待扩展。同时，研究认为，需要对运动表现进行客观测量，并采用随机实验设计，以比较正念干预和传统的运动心理干预的效果差异，为正念训练的运动表现促进效应提供更坚实的支撑。

四、对带领者和参与者的建议

正念训练往往需要带领者具备较强的带领技巧，而正念训练的参与者也需要遵循一些规则。对 MSPE 的带领者和参与者提出了一些要求和建议，对于开展 MSPE 的研究和实践具有很强的指导意义。

（一）对带领者的建议

对于 MSPE 带领者，他们提出了三点建议。

第一，带领者应该经常在运动队出现，和运动员建立融洽的关系。MSPE 支持的看法，认为"晃悠（hanging out）"和"露脸（face time）"都是有效实施运动心理的重要技巧。他们意识到，运动环境往往是封闭的系统，除非是"圈里人"，否则很难介入。即使运动心理学家进行传统的心理技能训练，例如目标设置、自我对话、表象训练等，通常也会面临很大的压力。何况运动员对正念概念非常陌生，通常也认识不到正念训练对其运动成绩有何促进作用，要想实施一种全新的干预，这种压力可想而知。

第二，带领者本人应该进行个性化、规律化的正念练习。他们同样支持 Segal 等（2012）对这一问题的解释，认为带领者只有亲自进行规律性的正念训练，才能理解并解决练习者在正念训练过程中所遭遇的形形色色的问题。他们认为带领者只有熟悉正式和非正式的正念练习，才能在训练过程中有效引领运动员觉察和接纳技能的发展。

第三，带领者能够针对运动员群体进行团体干预。关于这一点，Segal 等（2012）在其 MBCT 手册中也有同样的声明，认为正念认知疗法的带领者应该接受过心理咨询或心理治疗训练，能够熟练实施认知干预和团体干预。Hack（2005）也曾建议，运动心理的心理健康领域工作者应该接受教育和训练，以便理解运动科学和运动文化，并知道如何将知识应用于竞技体育领域的运动员、教练员身上。

（二）对参与者的建议

对于 MSPE 参与者，也就是运动员，他们也提出了三点建议。

第一，需要反复强调，心理同样需要训练。虽然运动员都认识到了心理训练是影响运动成绩的重要因素，但是实际进行心理训练的运动员寥寥无几。诚如 Weinberg 和 Gould（2014）所言，运动员和教练员都知道身体技能需要千万次的练习，但是他们通常意识不到心理技能也需要系统训练。教练员和运动员普遍认为，心理技能和身体技能不同，心理技能主要是对运动员所面对的日复一日的成绩起伏做出回应而已，很多著名运动员甚至认为每周至少要进行 20 小时的身体训练，但是他们往往没有时间进行心理训练。

第二，寻找时间进行正念训练。关于时间问题，Weinberg 和 Gould（2014）曾经提出，认为时间不够是运动员忽视心理训练的首要原因。在 MSPE 训练结束之后的反馈当中，运动员也曾反复指出，时间有限也是不能够继续进行正念训练的主要障碍。Weinberg 和 Gould（2014）也曾经提出，要想让运动员腾出时间进行心理训练，必须让运动员认识到心理训练的价值所在。

第三，对学习和应用 MSPE 技能保持足够的耐心。他们深刻认识到，竞技体育过度关注结果，成王败寇、急功近利的环境非常不利于开展正念训练和 MSPE 训练。同时他们也意识到，运动员之前没有做过正念训练，尤其没有在运动情境中做过正念训练。运动员要理解 MSPE 的各种技能，理解这些技能如何促进运动表现，理解如何将正念训练纳入现有的训练体系，这都需要时间。他们已经观察到，保持开放的心态，愿意忍受不可避免的挣扎，这对于运动员来讲非常重要。

五、简要评论与未来展望

第一，MSPE 和正念减压疗法、正念认知疗法的联系。MSPE 的创始人 Kaufman、Glass 和 Arnkoff（2009）曾经宣称，MSPE 主要借鉴了正念减压疗法和正念认知疗法，其实正念认知疗法主要借鉴的也是正念减压疗法，所以 MSPE 主要借鉴的也是正念减压疗法。MSPE 和正念认知疗法的联系或许表现在，共同借鉴了正念减压疗法的训练理念和训练手段，只不过应用于不同的训练领域，正念认知疗法主要用于防止抑郁复发和负性情绪管理，而 MSPE 则主要应用于竞技体育领域，目的是促进运动员的运动表现。

　　第二，MSPE 和 MAC 的区别与联系。MSPE 和 MAC 是正念在运动心理领域应用时发展起来的两大分支理论，MAC 研究者 Gardner 和 Moore（2004）虽然声称主要借鉴了正念认知疗法和接纳与承诺疗法，但是我们（徐守森，李京诚，樊雯）发现，MAC 其实更偏接纳与承诺疗法，和正念认知疗法的关系没有那么密切。简言之，MSPE 更偏正念减压疗法，MAC 更偏接纳与承诺疗法。当然，MSPE 和 MAC 也有一些共同点：①它们作为将正念移植到竞技体育领域的两大重要理论，共同扩展了正念的应用领域，其目的也相同，就是促进竞技体育运动员的运动表现。②因为接纳与承诺疗法也将正念纳入其中，也包含了很多正念减压疗法的训练手段，所以 MSPE 和 MAC 都有正念减压疗法的影子。③因为都是将正念应用于竞技体育领域，所以 MSPE 和 MAC 都注意在训练后期，完成从一般性正念训练向领域特定性正念训练的过渡，逐步和运动训练项目紧密结合。

　　第三，MSPE 未来的研究方向。MSPE 还是一种比较新的运动心理咨询理论，2006 年诞生以来，迄今为止只不过十几年时间，虽然在将正念应用于运动心理领域时，MSPE 和 MAC 一起做出了很多有益的尝试，也获得了一些可喜的结果，但是目前来看从事 MSPE 研究的人员还不多，理论传播的范围还比较窄，所积累的研究还不够丰厚，未来还有很大的发展空间，扩大被试数量、增加运动项目范围、进行随机对照试验、对运动表现进行客观测量等都是 MSPE 未来可能的研究方向。

第五章　心理咨询背后的逻辑：接纳与承诺疗法在运动心理咨询中的应用

在心理服务过程中，尤其在心理咨询过程中，我们运用了大量的接纳与承诺疗法去指导心理咨询工作，在此专门介绍一下接纳与承诺疗法，重点介绍我们对在运动心理咨询中运用接纳与承诺疗法的一些思考。

第一节　接纳与承诺疗法的理论要义

近年来，心理咨询领域正在兴起正念浪潮，接纳与承诺疗法是其中的典型代表。接纳与承诺疗法的创始人是美国内华达大学里诺分校的Steven C. Hayes 教授。该疗法以功能语境主义为哲学基础，以关系框架理论为理论基础（王淑娟，张婍，祝卓宏，2012），围绕心理僵化和心理灵活性两个核心概念分别构建了相应的六边形模型（张婍，王淑娟，祝卓宏，2012）。接纳与承诺疗法的心理病理模型认为，个体的心理僵化（psychological inflexibility）主要来自六个方面，即概念化过去和恐惧化未来的主导、经验回避、认知融合、执着于概念化自我、无为/冲动或逃避、价值模糊，如图 5 - 1 - 1 所示。与之相对应，接纳与承诺疗法的心理治疗模型则认为，正念/接触当下、接纳、认知解离、以已为景（或者观察自我）、承诺行动、价值澄清将提高个体的心理灵活（psychological flexibility），如图 5 - 1 - 2 所示。接纳与承诺疗法认为，心理咨询的目的在于实现从心理僵化向心理灵活的转变。迄今为止，接纳与承诺疗法已经广泛应用于创伤后应激障碍、强迫症、焦虑、抑郁、愤怒、恐惧、物质滥用等诸多领域，都取得了良好的临床效果。

运动心理咨询既是运动心理学理论体系的核心支柱之一，也是竞技体育科技服务的重要组成部分，在美国（程丽平，徐建华，2009）、加拿大（姚家新，1988）、欧洲（佚名，2008）等发达国家，运动心理咨询已经比较成熟，但是在我国，运动心理咨询的理论建设和实践探索还处于成长阶段。理论建设方面，近些年才开始研究探讨运动心理咨询的地位和作用（张军，2007），明确运动心理咨询师的角色内涵（曾海，2004；曾海，陈松，马林，2005）和职业要素（张红梅，杨晶伟，2007），建构运动心理咨询师的胜任特征模型（张凌，2007），并试图打造运动心理咨询师的绩效评估体系（李欣，2010），也有研究者引进国外的运动心理咨询著作（Hill，2005），但影响力还有待提升。竞技体育实践服务领域，早在 30 年前就有运动心理咨询服务全运会的报道（黄翔岳，1988），每逢奥运会、全运会等国内外重大体育赛事，教练员和运动员都对运动心理咨询有强烈的需求，但是真正能提供系统规范的运动心理咨询的人员数量较少，成功案例也相对缺乏。总体来说，运动心理咨询在我国还处于初期阶段，虽然实践需求非常旺盛，但是理论建设相对薄弱，两者的发展还处于不平衡状态。

概念化过去和
恐惧化未来的主导

经验回避　　　　　　　　　价值模糊

心理
僵化

认知融合　　　　　　　　　无为/冲动
或逃避

执着于概念化自我

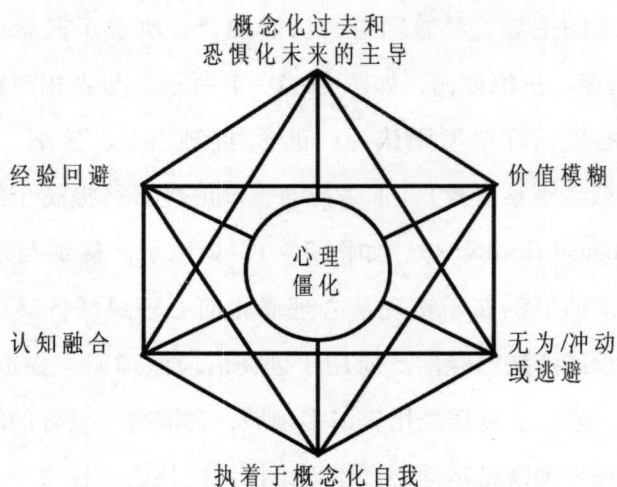

图 5 - 1 - 1　接纳与承诺疗法的心理病理模型

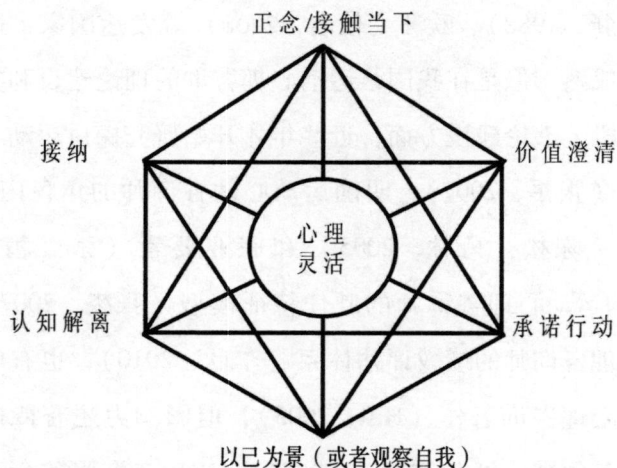

正念/接触当下

接纳　　　　　　　　　价值澄清

心理
灵活

认知解离　　　　　　　　　承诺行动

以己为景（或者观察自我）

图 5 - 1 - 2　接纳与承诺疗法的心理治疗模型

　　在这种情况下，如果能够借鉴母学科心理咨询领域的研究成果，把接纳与承诺疗法引入进来，对于丰富与发展运动心理咨询的理论体系，解决教练员、运动员遭遇的心理困扰具有重要的理论和实践意义。本节内容旨在以接纳与承诺疗法的心理僵化和心理灵活两个六边形模型为脉络，论述两个六边形模型的各个侧面和运动心理咨询典型问题之间的对应关系，并通过借鉴或改编接纳与承诺疗法的技术手段提出相应的问题解决策略。希望这种解读能够为接纳与承诺疗法融入运动心理咨询搭建桥梁，为运动心理咨询工作者系统理解并妥善解决运动员的典型心理问题提供整合的视角。

迄今为止，接纳与承诺疗法表现出旺盛的生命力，究其原因，在于其有坚实的哲学根基（功能语境主义），扎实的理论基础（关系框架理论），整合的理论框架（心理病理六边形模型和心理治疗六边形模型），丰富的操作技术（六个侧面都对应着多种练习、隐喻等），牢固的实证基础，显著的临床疗效，广阔的应用领域，强大的开放系统（鼓励大家创造属于自己的练习技术和操作手段），可以预见，未来接纳与承诺疗法会有更好的发展前景。

运动心理咨询有其独特性，通常的心理咨询服务对象是病理人群，属于心理健康的极低端，而竞技体育领域的高水平运动员属于精英群体，属于人类身体极限的极高端，运动员在冲击人类身体极限过程中遭遇的心理困扰具有特殊性。上面所列举的一些问题，虽然没有穷尽运动员所有的心理困扰，但这些问题是很多运动员都会遭遇的典型心理困扰，这些问题的圆满解决会为运动员取得优异成绩起到保驾护航的作用。将这些问题放入接纳与承诺疗法的框架，有助于运动心理咨询师从整合的视角更清晰地把握问题的实质和侧重点，从多个角度寻求问题的突破口，借助接纳与承诺疗法丰富的干预手段创造性地解决问题。

把接纳与承诺疗法引入运动心理咨询，既可以进一步扩展接纳与承诺疗法的应用范围，也可以丰富与发展运动心理咨询的理论体系。接纳与承诺疗法和运动心理咨询的结合属于强强联合，在结构化理论和多样化技术的指导下，我们有理由相信，接纳与承诺疗法可以在运动心理咨询领域开花结果，为竞技体育领域的教练员、运动员做出更大的贡献。

第二节　接纳与承诺疗法对应的典型运动心理咨询问题

接纳与承诺疗法两个六边形模型对应的侧面彼此对立，构成六对矛盾，每个六边形模型中各个侧面彼此关联，心理咨询的目的在于咨询师协助来访者完成从心理病理模型向心理治疗模型的转变，完成从心理僵化向心理灵活的转变。

实现心理灵活是接纳与承诺疗法模型的核心目的，心理治疗模型下六种过程协同起来，共同创造了心理灵活。在接纳与承诺疗法当中，心理灵活性被界定为：作为一个有觉察的人，全然地不带任何防御地接触当下，如其所是地反映事物的本来面目，为自己所选定的价值服务，做出持续不懈的行为改变（Luoma，Hayes，Walser，2007）。结合竞技体育，运动员的心理灵活可以被界定为允许所有的想法和感受如其所是地存在（接纳），觉察到影响其进步的消极想法的存在并与其保持适当距离（认知解离），清晰地把握自己当前所处的身心状态（接触当下），对自身优劣势拥有清晰的认识（观察自我），明确从事体育事业的终极价值（价值澄清），自觉自愿、持续不断地为比赛和训练付出努力（承诺行动）。

需要注意，接纳与承诺疗法的两个六边形模型各个侧面之间既相互依存又相互转换，只是为了解释方便才分开解读。现实的运动心理咨询中，面对来访者同样一个问题，可以引向六边形不同的侧面。例如同样面对运动员的赛前焦虑：①如果从接纳的角度出发，可以提问"你可以为这些焦虑情绪留出一点空间吗？"②如果从认知解离的角度出发，可以提问"我头脑中有一些焦虑的想法，把这句话唱出来你会有什么样的感受？"③如果从活在当下的角度出发，可以提问"现在你身体的哪个部位感受到了这种焦虑？"④如果从以己为景的角度出发，可以提问"设想一下，10年以后，当你回过头来见到现在的你时，会对他说些什么？"⑤如果从价值的角度出发，可以提问"这些焦虑的想法背后说明你在乎的是什么呢？"⑥如果从承诺行动的角度出发，可以提问"如果现在不再焦虑了，你会去做什么呢？"这种做法既体现了接纳与承诺疗法理论框架的整合性及其心理灵活原则，也为运动心理咨询师解决运动员的心理困惑提供了多种可能。

一、经验回避与接纳

所谓经验回避（experiential avoidance），是指努力改变不希望发生的个体经验（包括想法、记忆、情绪和身体感受等）所出现的频率、形式和情境敏感性，即使这样做会给自身带来伤害也在所不惜（Hayes，Wilson，Strosahl，et al，1996）[15]。例如，社交恐怖症患者为了回避社会交往躲在家中。

所谓接纳（acceptance），是指允许想法和感受如其所是的存在，不管它们是愉快的还是痛苦的；对它们保持开放，为它们腾出空间；放弃与它们抗争；允许它们顺其自然，来去自如（Harris，2009）。例如上例中的社交恐怖症患者，允许焦虑情绪存在，带着痛苦，依然投入正常的社会交往。

在竞技体育当中，运动员试图回避的个体经验会有多种表现形式，消极的想法，如想赢怕输、不愉快的记忆，如心理阴影、负性情绪，如赛前焦虑、不良的身体感受，如运动损伤，等等。在运动心理咨询中，运动员经常遭遇的最需要接纳的情境主要包括运动损伤和比赛失败两种情况。运动员一旦遭遇运动损伤，会产生复杂的心理反应（安燕，郑樊慧，王德建，等，2013），但最重要的往往是对运动损伤的不认可，有的运动员甚至会带伤训练从而断送运动生涯，此时，接纳技术显得尤为重要。运动员比赛失败相当于创伤后应激障碍，在后续比赛中往往反复表现不佳，包括发挥失常、状态低迷或 choking 等（田盈雪，李洁玲，田宝，2012），这时候最需要做的也是接纳工作。

接纳与承诺疗法常用的接纳技术包括推文件夹练习、公交车隐喻、中国指套练习、T字谜游戏、拔河游戏等。通过使用接纳技术，可以帮助运动员接受现实，认可运动损伤或比赛失败已经发生不可改变，允许病痛或失败存在，放弃与它们的抗争，并做出正确抉择，安心养病或准备下一场比赛。

二、认知融合与认知解离

所谓认知融合（cognitive fusion），是指来访者被自己思考的内容所控制，以至于无法做出有效的行为调整（Luoma，Hayes，Walser，2007）。认知融合并非总是有害，例如，别人提醒你"小心车"会有助于躲避危险，但是如果来访者过度认知融合，其行为模式就会变得僵化，例如，如果来访者和"活着没什么意义"的想法相融合时，就会产生抑郁。

所谓认知解离（cognitive defusion），是指改变想法和其他个体经验的不良功能，而不是改变其形式、频率或情境敏感性（Harris，2009）。

认知解离能够帮助来访者认识到，想法只是想法，而非事实本身，从而将想法和事实进行剥离，降低想法的可信度，减轻想法对情绪、行为的支配作用。

在竞技体育当中，运动员的认知融合也有多种表现形式，典型的表现包括想赢怕输、归因偏差等。想赢怕输是很多运动员在比赛之前所产生的消极想法（梁强，2012；年维泗，1985），常用的心理教育往往无济于事。而运动员归因偏差（attribution bias）指的是运动员系统地歪曲了某些本来是正确的信息，有的源于运动员认知过程固有的局限，有的则是运动员不同的动机造成的。尤其是成败归因偏差（成功因为我运气好）和人际关系归因偏差（教练偏心）等会对运动员产生严重的不利影响，以往的归因训练往往停留于说教，效果不佳。在这种情况下，识别支配运动员的典型的想法和信念，并进行认知解离工作就显得尤为重要。

接纳与承诺疗法常用的认知解离技术包括快速重复、外化技术、电影技术、心理剧技术、命名、空椅子技术、溪流树叶等。通过使用认知解离技术，帮助运动员认识到想赢怕输只是想法，归因偏差只是念头，它们只存在自己头脑里，而非事实本身，从而降低想法或念头对自身情绪、行为的消极影响。

三、脱离现实与接触当下

所谓脱离现实，全称是被概念化的过去和未来所主导（dominance of conceptualized past & future），是指人们的注意力被转移到过去或者未来，从而失去了和当下的接触（Luoma，Hayes，Walser，2007）。

所谓活在当下（being present），也叫接触现实（contact with the

present moment)，是指活在此时此地，如其所是、不带评判地对自己的内心世界以及外部环境进行觉察（Harris，2009）。

按照脱离现实的定义，在运动心理咨询所遭遇的问题中，活在过去的典型表现是心理阴影，活在未来的典型表现是赛前焦虑。心理阴影是指运动员由于过去在比赛中遇到挫折而产生的畏难情绪及其所引发的不良身心状态（陈静析，1985），运动员的思绪停留在过去而不能自拔。赛前焦虑又称竞赛焦虑，指运动员在比赛前和比赛中，对当前的或预计到的具有潜在威胁的情境产生的担忧倾向（张力为，毛志雄，2004），运动员活在未来而错过了现在。而在运动心理学的知识体系中，和活在当下最契合的是正确的比赛心理定向。比赛心理定向是指比赛开始前和比赛过程中，运动员的心理准备状态和注意指向性，其基本原则是过程定向、主位定向和当前定向，结合起来理解，就是我（主位定向）现在（当前定向）在做什么（过程定向），这和活在当下强调的"这里和现在（here and now）"异曲同工。

接纳与承诺疗法经常使用注意控制技术和正念技术促进来访者聚焦地、心甘情愿地、非常灵活地和当下所发生的一切充分接触，典型的正念技术包括观察呼吸、观察情绪、观察想法、躯体扫描、正念行走、正念瑜伽、正念进食等。通过使用注意控制和正念技术，帮助运动员时时处处保持清醒和觉察，意识到并排除内外部无关事物的干扰，更好地实现注意的指向与集中，更好地投入当下的训练、比赛和人际交往。

除此之外，我国运动心理工作者已经注意到正念训练在心理技能训练中的强大功效，刘淑慧、徐守森（2013）曾经讨论正念训练对射击运动心理训练的启示，徐守森、刘淑慧（2014）也构建了射击运动正念训练层级递进结构，可以看出，运动心理工作者对正念的期望值远远超过其强调的觉察能力培养，期待着将正念引入运动心理咨询，以提高运动员的比赛和训练智慧、情绪稳定性、注意专注能力，培养运动员意志品质，完善运动员人格等。在这方面，《正念运动员》（Mumford，2015）一书提供了很好的范例。该书作者正是通过正念训练为美国男子职业篮球联盟（NBA）顶级运动员提供心理干预。

四、概念自我与观察自我

所谓概念自我（conceptualized self），全称是依附于概念化自我（attachment to the conceptualized self），是指人们受到在生活中建立起来的自我认同或自我概念的过度束缚（Luoma，Hayes，Walser，2007）。当与概念自我相矛盾的个体经验出现时，概念自我就会感受到威胁，人们产生强烈的情绪体验，为了维护概念自我的稳定性，人们对这些个体经验往往采取排斥的态度，进而导致经验回避，行为灵活性随之降低。

所谓观察自我（observing self），也叫以己为景（self as context），是指建构持续的、稳定的、始终在那里的自我，以便和安全的连续的自我感建立连接，从而得以观察和接纳自己的各种内在体验（Harris，2009）。

在运动心理学中，关于概念自我和观察自我的研究还比较少见，和自我相关的概念包括自我效能、身体意象等，但它们和概念自我或观察自我相去甚远。在竞技体育当中，不少运动员拥有一些消极的自我概念，例如"我是一个训练型选手""既生瑜何生亮""他是我的克星"等，这些才属于典型的概念自我，概念自我一旦产生，会对运动员的训练和比赛产生非常消极的影响。

接纳与承诺疗法实现观察自我的练习包括舞台剧隐喻、棋盘隐喻、探照灯隐喻、时空穿越隐喻等。使用以己为景技术，可以帮助运动员摆脱消极自我概念的束缚，为运动员提供反思机会，让他们能够跳出自己看自己，增加看问题的角度，同时也能为运动员提供更多元的行为选择。

五、价值模糊与价值澄清

所谓价值模糊（lack of values clarity），是指来访者受到经验回避行为的控制，难以和生活中真正重要的事物建立连接（Luoma，Hayes，Walser，2007）。换句话说，就是并不知道自己想要的究竟是什么。

所谓价值澄清（values clarity），是指来访者明确所选择的生活方向，表现为生活中信仰什么，想成为什么样的人，想增强哪种优势，想发展何种品质等（Harris，2009）。接纳与承诺疗法将价值分为十大领域，包括夫妻关系、子女教育、家庭关系、友谊或社会关系、事业或职业、教育或培训、娱乐或休闲、精神、公民职责、健康。在接纳与承诺疗法看来，人们的终极价值是过上丰富、充实、有意义的生活。

在运动心理咨询所关注的典型问题中，运动动机、心理疲劳、目标取向等都和价值澄清紧密相连。其中，运动动机是推动个体为实现运动目标而从事运动训练和比赛活动的内在心理动因，由内部需要和外部动机两部分构成，换句话讲，就是运动员为什么去参加训练和比赛，其实就是价值问题，运动动机和价值实质上是同一问题的不同说法。

运动员心理疲劳方面，已经发展出多种理论模型（张连成，李四化，刘羽，2014），虽然各种理论模型都不全面，但都认可运动动机对运动员心理疲劳的决定作用，这也得到了研究的支持（张连成，张力为，刘嘉蕙，等，2010）。其实，运动员的终极价值，也就是他们如何看待运动员职业，如何看待训练和比赛等，才是导致心理疲劳的根本原因。

目标取向方面，运动员的目标取向包括任务取向和自我取向两种，任务取向的运动员以自我作为衡量能力与成功的参照点，以自己是否掌握新的运动技能和运动方法来界定能力和成功；而自我取向的运动员以他人作为参照点，以打败对手来界定自己的能力和成功。已经有研究（潘德运，傅旭波，吴明证，2015）探讨比赛价值、目标取向和运动员反社会行为之间的关系，只不过他们将比赛价值称之为比赛隐喻，定义是运动员如何隐喻性地建构比赛本身的意义、目的和价值。研究发现，积极的伙伴隐喻和消极的战争隐喻分别作用于任务取向和自我取向，进而影响运动员的反社会行为，这在一定程度上为我们把价值和目标取向联系起来提供了佐证，但是否存在线性关系有待进一步探究。

接纳与承诺疗法常用的价值澄清练习包括价值罗盘练习、公交车隐喻、80 岁生日宴会、葬礼练习、墓志铭练习等。运动心理咨询师在应对上述心理问题时既可以采用价值澄清练习，帮助运动员明确价值方向，也可以结合运动训练实践，将价值澄清练习加以改编后灵活运用，例如可以将葬礼练习改编为退役鉴定，将墓志铭练习改编为退役公告等。

六、无效行动与承诺行动

所谓无效行动，包括不作为、冲动或者逃避（inaction, impulsivity or avoidant persistance）等，是指不为价值方向服务的，受到经验回避、认知融合、概念自我等支配而出现的无效行为（Luoma, Hayes, Walser, 2007）。

　　所谓承诺行动（committed action），是指来访者为了实现价值所驱动的目标而做出的行为改变（Harris，2009）。无论是在咨询过程中，还是在布置家庭作业时，接纳与承诺疗法都会针对特定的问题行为领域设置短期、中期和长期的行为改变目标，其中的关键词是价值驱动，就是去做符合你价值的、对你来说重要的事情。

　　结合竞技体育实践，一旦运动背后的价值得以澄清，严格训练、认真比赛、科学饮食、充分睡眠等都将变成运动员的承诺行动。在训练当中，承诺行动可以渗透到身体训练、技术训练、战术训练、心理训练等所有板块，其中心理训练是运动心理学的一块瑰宝，所包含的应激控制训练、表象技能训练、注意技能训练、目标设置训练等都可以纳入承诺行动的范畴。而且承诺行动和心理技能训练中的目标设置训练完全可以统一起来，目标设置训练的原则、步骤、评价措施等对于承诺行动同样适用。

　　接纳与承诺疗法实现承诺行动的方法包括目标金字塔、登山隐喻、马拉松隐喻、列举行动清单、目标公开化等。通过使用上述技术，不仅可以为运动员实现从价值到行动的转变提供参考，也进一步丰富了心理技能训练和心理教育的内容和形式。

附　录

附录1　心理团队轮椅冰壶驻队情况记录

日　期	驻队人员	人　次
2017 – 12 – 15	徐守森，樊雯，刘海虹，赵纪龙	4
2017 – 12 – 21	徐守森，樊雯，刘海虹，左琪	4
2017 – 12 – 23，三国训练营报到	徐守森，刘海虹	2
2017 – 12 – 25，三国训练营	徐守森，刘海虹	2
2017 – 12 – 26，三国训练营	徐守森，刘海虹	2
2017 – 12 – 27，三国训练营	徐守森，刘海虹	2
2017 – 12 – 28，三国训练营结束	徐守森，刘海虹	2
2018 – 1 – 4	徐守森	1
2018 – 1 – 5	徐守森，赵纪龙	2
2018 – 1 – 6	徐守森，赵纪龙	2
2018 – 1 – 7	徐守森，赵纪龙	2
2018 – 1 – 8	赵纪龙	1
2018 – 1 – 9	赵纪龙	1
2018 – 1 – 10	赵纪龙	1
2018 – 1 – 11	赵纪龙	1
2018 – 1 – 12	赵纪龙，徐守森	2
2018 – 1 – 13	徐守森，赵纪龙	2
2018 – 1 – 14	赵纪龙	1

续表

日 期	驻队人员	人 次
2018 - 1 - 15	赵纪龙	1
2018 - 1 - 16	赵纪龙	1
2018 - 1 - 17	赵纪龙，刘海虹，李佳新	3
2018 - 1 - 18	赵纪龙，刘海虹，李佳新	3
2018 - 1 - 19	赵纪龙，刘海虹，李佳新	3
2018 - 1 - 20	赵纪龙，刘海虹，李佳新，徐守森	4
2018 - 1 - 21	赵纪龙，刘海虹，李佳新，徐守森	4
2018 - 1 - 22	赵纪龙，刘海虹，李佳新，徐守森	4
2018 - 1 - 23	赵纪龙，刘海虹，李佳新，徐守森	4
2018 - 1 - 24	赵纪龙，刘海虹，李佳新，徐守森	4
2018 - 1 - 25	赵纪龙，刘海虹，李佳新，徐守森	4
2018 - 1 - 26	赵纪龙，刘海虹，李佳新，徐守森	4
2018 - 1 - 27	赵纪龙，刘海虹，徐守森	3
2018 - 1 - 28	刘海虹	1
2018 - 1 - 29	刘海虹	1
2018 - 1 - 30	刘海虹	1
2018 - 1 - 31	刘海虹，徐守森	2
2018 - 2 - 1	徐守森	1
2018 - 2 - 2	徐守森	1
2018 - 2 - 3，加拿大外训出发	赵纪龙	1
2018 - 2 - 4	赵纪龙	1
2018 - 2 - 5	赵纪龙	1
2018 - 2 - 6	赵纪龙	1
2018 - 2 - 7	赵纪龙	1
2018 - 2 - 8	赵纪龙	1
2018 - 2 - 9	赵纪龙	1

续表

日 期	驻队人员	人 次
2018 - 2 - 10	赵纪龙	1
2018 - 2 - 11	赵纪龙	1
2018 - 2 - 12	徐守森	1
2018 - 2 - 13	徐守森，赵纪龙	2
2018 - 2 - 14	徐守森，赵纪龙	2
2018 - 2 - 15，春节，队伍返回	徐守森，赵纪龙	2
2018 - 2 - 16	徐守森，赵纪龙	2
2018 - 2 - 17	徐守森，赵纪龙	2
2018 - 2 - 18	徐守森，赵纪龙	2
2018 - 2 - 19	徐守森，赵纪龙	2
2018 - 2 - 20	徐守森，赵纪龙，李佳新	3
2018 - 2 - 21	徐守森，赵纪龙，李佳新	3
2018 - 2 - 22	徐守森，赵纪龙，李佳新	3
2018 - 2 - 23	徐守森，赵纪龙，李佳新	3
2018 - 2 - 24	徐守森，赵纪龙，李佳新	3
2018 - 2 - 25	徐守森，赵纪龙，李佳新	3
2018 - 2 - 26	徐守森，赵纪龙，李佳新	3
2018 - 2 - 27	徐守森，赵纪龙，李佳新	3
2018 - 2 - 28	徐守森，赵纪龙，李佳新	3
2019 - 3 - 1	徐守森，赵纪龙，李佳新，刘海虹	4
2019 - 3 - 2	徐守森，赵纪龙，李佳新	3
2019 - 3 - 3	徐守森，赵纪龙，李佳新	3
2019 - 3 - 4	徐守森，赵纪龙，李佳新	3
2019 - 3 - 5	徐守森，赵纪龙，李佳新	3
2019 - 3 - 6	徐守森，赵纪龙，李佳新	3
合计		153

附录 2　工作日志

日　期	星　期	主要事件
2017 - 12 - 16	周六	上午，9：00，初次进队，与教练员交接，并访谈教练员和4名运动员
2017 - 12 - 17	周日	课题开题报告会
2017 - 12 - 21	周四	访谈王＊＊
2017 - 12 - 23	周六	上午，9：00，继续访谈运动员4名，了解队内情况
2017 - 12 - 25	周一	上午，9：00—11：30，观摩训练营比赛 下午，14：00—17：30，观摩训练营比赛，了解轮椅冰壶项目
2017 - 12 - 26	周二	上午，9：00—11：30，观摩训练营比赛 下午，14：00—17：30，观摩训练营比赛，了解轮椅冰壶项目
2017 - 12 - 27	周三	上午，9：00—11：30，观摩训练营比赛 下午，14：00—17：30，观摩训练营比赛，了解轮椅冰壶项目
2017 - 12 - 28	周四	上午，9：00—11：30，观摩训练营比赛 下午，14：00—17：30，观摩训练营比赛，了解轮椅冰壶项目
2018 - 1 - 4	周四	上午，9：00—11：30，跟队训练 下午，14：00—17：30，跟队训练，观察训练状态
2018 - 1 - 5	周五	下午，17：30，正式驻队，驻队人员为徐守森和学生赵纪龙

续表

日　期	星　期	主要事件
2018 - 1 - 6	周六	上午，8：30—11：30，访谈运动员2名，了解个人成长经历，与冰壶结缘 下午，2：30—5：30，访谈运动员2名 晚上，7：30—9：30，访谈运动员1名
2018 - 1 - 7	周日	上午，8：30—11：30，访谈运动员2名，了解个人成长经历，与冰壶结缘 中午，发放调查问卷，大六人格问卷 下午，2：30—5：30，访谈运动员3名 晚上，7：30—9：30，访谈运动员1名
2018 - 1 - 8	周一	上午，9：00—11：30，观摩训练，长期驻队 下午，2：30—5：30，观摩训练
2018 - 1 - 9	周二	上午，9：00—11：30，观摩训练，长期驻队 下午，2：30—5：30，观摩训练 晚上，7：00—8：30，心理咨询，情感问题
2018 - 1 - 10	周三	上午，9：00—11：30，观摩训练，长期驻队 下午，2：30—5：30，观摩训练 晚上，7：00—8：30，心理咨询，倾诉需求
2018 - 1 - 11	周四	上午，9：00—11：30，观摩训练，长期驻队 下午，2：30—5：30，观摩训练 晚上，7：00—8：30，心理咨询，训练营失败导致抑郁
2018 - 1 - 12	周五	上午，9：00—11：30，观摩训练，长期驻队 下午，2：30—5：30，观摩训练 中午，12：00，布置并回收心理问卷两轮（大六人格问卷、归因问卷）
2018 - 1 - 13	周六	上午，9：00—11：30，观摩训练，长期驻队 晚上，7：00—8：30，准备下周心理讲座
2018 - 1 - 14	周日	休息

续表

日 期	星 期	主要事件
2018-1-15	周一	上午，9：00—11：30，观摩训练，长期驻队 中午，1：00—2：00，心理咨询，1名运动员因加拿大落选心情抑郁、失眠 下午，2：30—5：30，观摩训练
2018-1-16	周二	上午，9：00—11：30，观摩训练，长期驻队 下午，2：30—5：30，观摩训练 晚上，7：00—8：00，约谈，1名运动员存在人际沟通问题
2018-1-17	周三	上午，9：00—11：30，观摩训练，长期驻队 下午，2：30—5：30，观摩训练 晚上，7：00—9：00，根据问卷反馈结果，并结合之前访谈情况制定个性化建议
2018-1-18	周四	上午，9：00—11：30，观摩训练，长期驻队 下午，2：30—5：30，观摩训练 晚上，7：00—9：00，心理讲座，压力管理 驻队人员：徐守森，赵纪龙，刘海虹，李佳新
2018-1-19	周五	上午，9：00—11：30，观摩训练，长期驻队 下午，2：30—5：30，观摩训练
2018-1-20	周六	上午，9：00—11：30，观摩训练，长期驻队 下午，1：00—2：00，开通轮椅冰壶心理训练公众号
2018-1-21	周日	休息
2018-1-22	周一	上午，9：00—11：30，观摩训练，长期驻队 下午，2：30—5：30，观摩训练 晚上，7：00—8：30，约谈运动员1名，该运动员被调出主力阵容
2018-1-23	周二	上午，9：00—11：30，观摩训练，长期驻队 下午，2：30—5：30，观摩训练 晚上，7：00—9：00，职业规划讲座

日　期	星　期	主要事件
2018－1－24	周三	上午，9：00—11：30，观摩训练，长期驻队 下午，2：30—5：30，观摩训练 晚上，7：00—9：00，咨询运动员 1 名，技能形成初期困扰
2018－1－25	周四	上午，9：00—11：30，观摩训练，长期驻队 下午，2：30—5：30，观摩训练 晚上，7：00—9：00，访谈运动员 1 名，北京队黄金陪练
2018－1－26	周五	上午，9：00—11：30，观摩训练，长期驻队 下午，2：30—5：30，观摩训练 晚上，7：00—10：00，访谈教练员 1 名，为撰写比赛心理手册做准备，并给 10 位核心运动员布置任务
2018－1－27	周六	上午，9：00—11：30，观摩训练，长期驻队 下午，12：30—14：00，逛街，为淘汰的运动员挑选合适的礼物 晚上，7：00—10：00，告别，赵＊、张＊
2018－1－28	周日	休息 晚上，7：00—9：00，请全体运动员和教练员观看电影《无问西东》
2018－1－29	周一	上午，9：00—11：30，观摩训练，长期驻队 下午，2：30—5：30，观摩训练 晚上，7：00—9：00，心理讲座，人际沟通
2018－1－30	周二	上午，9：00—11：30，观摩训练，长期驻队 下午，2：30—5：30，观摩训练 晚上，7：00—8：30，为工作人员提供心理服务 1 次
2018－1－31	周三	上午，9：00—11：30，观摩训练，长期驻队 下午，2：30—5：30，观摩训练 晚上，7：00—10：00，访谈教练员 1 位，准备心理预案

续表

日　期	星　期	主要事件
2018－2－1	周四	上午，9：00—11：30，观摩训练，长期驻队 下午，2：30—5：30，观摩训练 晚上，7：00—9：00，回收运动员心理预案任务，进行分析
2018－2－2	周五	上午，9：00—11：30，观摩训练，长期驻队 下午，2：30—5：30，观摩训练 下午，3：00—5：00，第一阵容、第二阵容运动员团体心理干预，团队建设
2018－2－3	周六	上午，10：00，送行，8 名运动员和 2 名教练员赴加拿大训练
2018－2－4	周日	休息
2018－2－5	周一	上午，9：00—11：30，观摩训练，长期驻队 下午，2：30—5：30，观摩留守队员训练
2018－2－6	周二	上午，9：00—11：30，观摩训练，长期驻队 下午，2：30—5：30，观摩留守队员训练
2018－2－7	周三	上午，9：00—11：30，观摩训练，长期驻队 下午，2：30—5：30，观摩留守队员训练 晚上，7：00—9：00，心理咨询 1 名运动员，担心不能进入主力阵容，引发焦虑，伴有愤怒情绪
2018－2－8	周四	上午，9：00—11：30，观摩训练，长期驻队 下午，2：30—5：30，观摩留守队员训练
2018－2－9	周五	上午，9：00—11：30，观摩训练，长期驻队 下午，2：30—5：30，观摩留守队员训练 晚上，7：00，向 3 位教练员反馈人格测验的结果
2018－2－10	周六	上午，9：00—11：30，观摩训练，长期驻队
2018－2－11	周日	休息

续表

日　期	星　期	主要事件
2018－2－12	周一	上午，9：00—11：30，观摩训练，长期驻队 下午，2：30—5：30，观摩留守队员训练 晚上，7：00，向3位教练员反馈心理预案初稿
2018－2－13	周二	上午，9：00—11：30，观摩训练，长期驻队 下午，2：30—5：30，观摩留守队员训练 晚上，7：00，收集群体凝聚力问卷
2018－2－14	周三	上午，9：00—11：30，观摩训练，长期驻队 下午，2：30—5：30，观摩留守队员训练 晚上，7：00—8：00，群策群力，寻找放松音乐
2018－2－15	周四	下午，5：00，迎接在加拿大训练两周的运动员归队 晚上，7：00，和队员一起包饺子，贺新年
2018－2－16	周五	大年初一，休息
2018－2－17	周六	上午，9：00—11：30，观摩训练，长期驻队 下午，2：30—5：30，观摩训练 晚上，7：00—8：00，坚持生物反馈放松训练
2018－2－18	周日	上午，9：00—11：30，观摩训练，长期驻队 下午，2：30—5：30，观摩训练 晚上，解决个别问题，帮助运动员操作电脑，保障生物反馈训练顺利进行
2018－2－19	周一	上午，9：00—11：30，观摩训练，长期驻队 下午，2：30—5：30，观摩训练 晚上，7：00，反馈群体凝聚力问卷结果 晚上，8：00—10：00，和教练员一起观看冬奥会女子冰壶比赛，学习技战术
2018－2－20	周二	上午，9：00—11：30，观摩训练，长期驻队 下午，2：30—5：30，观摩训练 晚上，7：00—9：00，敲定奥运期间心理服务方案

续表

日　期	星　期	主要事件
2018－2－21	周三	上午，9：00—11：30，观摩训练，长期驻队 下午，2：30—5：30，观摩训练 晚上，7：00—9：00，5人名单公布，安抚落选人员
2018－2－22	周四	上午，9：00—11：30，观摩训练 下午，2：00—5：30，观摩训练 下午，5：30—6：00，接受中央电视台采访 晚上，7：00—9：00，教练组、心理老师、体能老师、中央电视台记者聚餐 晚上，9：30—11：30，对1名运动员进行危机干预，落选之后心情抑郁并有攻击倾向
2018－2－23	周五	上午，9：00—11：30，观摩训练，长期驻队 下午，2：30—5：30，观摩训练 晚上，6：00—7：00，安慰张＊＊，他认为队伍的选拔不公平 晚上，7：00—8：00，安慰孙＊＊ 晚上，6：15—8：15，访谈主力阵容，四垒王＊＊ 晚上，8：20—9：50，访谈二垒刘＊
2018－2－24	周六	上午，9：00—11：30，观摩训练，长期驻队 下午，1：30—3：00，召开加拿大训练总结会议，每个人陈述遇到的问题 下午，3：45—5：30，心理讲座之人际沟通 晚上，6：00—8：30，访谈重点运动员陈＊＊
2018－2－25	周日	上午，9：00—11：30，教练员、心理老师、落选运动员小会议，安抚 上午，10：00—12：00，学生和运动员一起包饺子 下午，落选运动员，原河北队四垒，找岳教练咨询，教练对其进行安抚。事后张＊＊主动咨询驻队学生，寻求心理安慰 晚上，6：30—8：30，徐守森访谈重点运动员陈＊＊

续表

日 期	星 期	主要事件
2018-2-26	周一	上午，9：00—11：30，观摩训练，长期驻队 下午，2：30—5：30，观摩训练 晚上，晚宴，送体能教练
2018-2-27	周二	上午，9：00—11：30，观摩训练，长期驻队 中午，体能教练曹九阳结束训练指导离队，送别 下午，备课，准备晚上的心理讲座 晚上，于＊＊有情绪，心理问卷进行后测；放松训练告一段落，回收电脑；孙＊＊感冒，未参加心理讲座
2018-2-28	周三	上午，9：00—11：30，观摩训练，长期驻队；刘＊＊归队；中残联领导进队视察 下午，徐守森观摩训练，学生带落选运动员释放压力，缓解心情，安排KTV，吃烤串 晚上，心理服务组讨论接下来的安抚对象，包括落选的重点运动员：贺＊、于＊＊、闫＊；大名单的2名运动员访谈：王＊、张＊
2018-3-1	周四	上午，9：00—11：30，观摩训练，长期驻队 中午，学生出去给未进入大名单的运动员买送别礼物 下午，2：30—3：50，访谈黑龙江运动员贺＊ 下午，3：50—5：10，访谈北京队运动员于＊＊ 晚上，5：30—7：00，邀请于＊＊和闫＊吃火锅，闫＊因事未到 晚上，7：30—9：30，与教练员、运动员开会，教练员对各国实力水平与优劣势进行分析；计划探讨、修订比赛心理手册，未果

续表

日　期	星　期	主要事件
2018－3－2	周五	上午，国务委员王勇、中残联主席张海迪等人在冰壶训练中心举行誓师大会 上午，对孙＊＊进行危机干预，冲动想法得到有效控制 下午，约谈闫＊未果 晚上，旁听教练员、运动员再次召开队内准备会议 晚上，送别即将走的运动员 晚上，10：00—3：00，徐守森和李教练在房间彻夜长谈，讨论队伍的情况
2018－3－3	周六	上午，观摩训练、结算训练期间食宿费用、送别3名运动员（张＊＊、刘＊、黄＊＊） 下午，观摩训练 晚上，请教练员吃饭，给队伍每人发送日常训练照片
2018－3－4	周日	上午，观摩训练，导出"菩提树"相关数据 下午，徐守森因事回去市里，周教练前来拷贝心理讲座视频以及队伍训练照片 晚上，送别2名运动员（贺＊、于＊＊）
2018－3－5	周一	上午，观摩训练 下午，运动员收拾行李 晚上，教练组请吃饭
2018－3－6	周二	早晨7：00，为队伍送行，征战平昌冬残奥会

附录 3 每周服务情况统计表

序号	服务时间	驻队人员	工作内容	服务效果	存在问题
1	2017-12-16 2017-12-21 2017-12-23 2017-12-25 至 12-28 2018-1-4 上午 2018-1-5 至 1-7	徐守森、樊雯、赵纪龙 徐守森、赵纪龙 徐守森、刘海虹 徐守森 徐守森、赵纪龙	①访谈运动员 4 名 ②访谈运动员 4 名 ③观摩训练营比赛始终 ④跟队训练 ⑤跟队训练，访谈运动员 11 名，发放调查问卷	熟悉项目，熟悉教练员、运动员	研三学生进行中期检查，研二学生进行开题报告，存在服务中断现象
2	2018-1-8 至 1-14	徐守森、赵纪龙	①研二学生长期驻队，观摩训练 ②布置并回收心理问卷 2 轮 ③心理咨询，3 名运动员（情感困扰+倾诉需求+训练营失败导致抑郁） ④准备下周的心理教育讲座	①科普科学心理测量的理念 ②初步建立主动咨询的良性服务关系	增加主力运动员主动咨询的比例，考虑更换成约谈的形式
3	2018-1-15 至 1-17 2018-1-18 至 1-21	徐守森、赵纪龙、刘海虹、李佳新	①学生长期驻队，观摩训练 ②心理咨询，1 名运动员（加拿大训练落选产生抑郁情绪） ③约谈，1 名运动员（人际沟通问题）	①通过心理咨询，抑郁情绪得到了缓解 ②促进了自我认识与自我管理	

续表

序号	服务时间	驻队人员	工作内容	服务效果	存在问题
			④根据问卷结果，并结合之前访谈，制定个性化建议 ⑤开展心理讲座（压力管理、人际沟通、职业规划）	③加深对自己与他人的了解，初步掌握心理训练技能	个别运动员主动性较差，还没有意识到心理在比赛中的重要性
4	2018－1－22至1－28	徐守森、赵纪龙、刘海虹、李佳新	①长期驻队，观摩训练 ②举办心理教育讲座1次 ③约谈运动员1名（被调整出主力阵容）；咨询运动员1名（运动困扰）；技能形成初期黄金陪练）④为了编写心理预案，访谈教练员2名，并布置给10名核心运动员心理预案任务 ⑤为淘汰的运动员购买礼物	①讲座效果良好，运动员开始持续使用生物反馈训练 ②咨询效果良好 ③心理准备方案初见雏形	被淘汰的运动员情绪不够稳定，训练态度不够积极，还需进一步做好安抚工作
5	2018－1－27至2－2	徐守森、赵纪龙、刘海虹、李佳新	①驻队，观摩训练 ②举办心理教育讲座2次 ③为工作人员提供心理咨询1人次 ④访谈教练员1名，回收运动员心理预案2次 ⑤第一阵容心理预案，第二阵容运动员团体心理干预，2次	①讲座效果良好，对运动员触动很大 ②咨询效果良好 ③团体心理干预对提升团队信任程度和凝聚力起到帮助作用	年关将近，研究生陆续离开，人手紧张

续表

序号	服务时间	驻队人员	工作内容	服务效果	存在问题
6	2018－2－3至2－9	赵纪龙	①研究生驻队、观摩留守队员训练 ②心理咨询，1名运动员（担心不能进人主力阵容引发焦虑，伴随愤怒情绪）③向3位教练员反馈队员人格测验的结果	①焦虑和愤怒情绪得到缓解 ②促进其自我认识，明确价值方向，激发训练热情	8名主力队员赴加拿大训练，2名替补队员留守，主体工作受到时空限制
7	2018－2－10至2－16	赵纪龙、徐守森	①驻队，观摩留守队员训练 ②向3位教练员反馈队员心理方案V1.0 ③收集群体凝聚力问卷数据 ④群策群力，寻找放松音乐 ⑤包饺子，迎接大部队归来，欢度春节	良好	留守运动员积极性有待提升
8	2018－2－17至2－23	徐守森、赵纪龙、李佳新	①驻队，观摩训练 ②坚持系统生物反馈训练 ③反馈群体凝聚力问卷测量结果 ④五人名单确定，安抚（1例危机干预，1例个案咨询）⑤重点队员心理咨询（情绪低落、自信心不足），1名 ⑥敲定奥运期间心理服务方案	良好	大赛之前，教练、运动员压力明显增加，个案咨询数量明显增加

续表

序号	服务时间	驻队人员	工作内容	服务效果	存在问题
9	2018-2-17 至 2-23	赵纪龙、徐守森、刘海虹、李佳新	①心理教育讲座2场：有效沟通和积极心态 ②访谈重点运动员3名 ③通过咨询、吃饭、赠送小礼品等多种形式安抚落选运动员5名 ④旁听加拿大训练总结会，旁听奥运对手情况分析 ⑤收集心理问卷后测，并进行统计分析 ⑥收回生物反馈训练笔记本电脑，导出数据，进行统计分析	良好	入选运动员的情绪比较稳定，落选运动员的情绪反应较大
10	2018-3-3 至 3-10	赵纪龙、徐守森、李佳新	①访谈重点运动员2名 ②完善修订心理手册 ③送行 ④收集心理问卷后测，并进行统计分析 ⑤收回生物反馈训练笔记本电脑，导出数据，进行统计分析	良好	入选运动员的情绪比较稳定，落选运动员的情绪反应较大
11	2018-3-11 至 3-17	队伍参加比赛	①在平昌微信群默默留守 ②微信解答总教练困惑1次 ③微信解答主教练困惑1次 ④听取赛前布置、赛后总结录音10次 ⑤观看中央电视台转播若干。	良好	无

附录 4　CPAI – 2 要素汇总

CPAI – 2 总共有 28 个一般性格量表、12 个临床性格量表和 3 个效度量表。

I. 一般性格量表

因子 I：领导性（social potency）

NOV——新颖性（novelty）

测量一个人在多大程度上喜欢尝试新事物和面对新挑战。

DIV——多样性（diversity）

测量一个人在多大程度上会尝试以不同的方式工作，以及寻找各式各样的体验和经历。

DIT——多元思考（divergent thinking）

测量一个人在多大程度上可以从多个角度审视并处理事件或问题。

LEA——领导力（leadership）

测量一个人在多大程度上拥有影响他人并且在做决定的时候担当领导地位的能力。

L – A——理智性（logical vs. affective orientation）

测量一个人的思维和行为在多大程度上是客观或理性的。

AES——艺术感（aesthetics）

测量一个人在多大程度上珍视和享受生命中的美和艺术。

E – I——外向性（extraversion vs. introversion）

测量一个人的外向程度。

ENT——开拓性（enterprise）

测量一个人在多大程度上准备好承受风险。

因子 II：可靠性（dependability）

RES——责任感（responsibility）

测量一个人在执行任务或达成目标时在多大程度上是值得信赖的。

EMO——情绪性（emotionality）

测量一个人在多大程度上能够控制自己的情绪。

I－S——自卑（inferiority vs. self－acceptance）

测量一个人自我否定和自卑的程度。

PRA——务实性（practical mindedness）

测量一个人在多大程度上重视内涵多于外表。

O－P——乐观（optimism vs. pessimism）

测量一个人在多大程度上对于生命和其他事物抱持着正面的看法。同时也测量一个人会否过分担忧或过于批判别人。

MET——严谨性（meticulousness）

测量一个人将多少注意力放在细节上，以及有多关心工作的素质。

FAC——面子（face）

测量一个人在社交互动中对于维持体面的重视。

IELC——内控制点（internal vs. external locus of control）

测量一个人在多大程度上将自己的经历和事情出现的原因归到自己身上。

FAM——亲情（family orientation）

测量一个人在多大程度上有团结家庭和负起家庭责任的意识。

因子 III：容纳性（accommodation）

DEF——阿 Q 精神（defensiveness（ah‐q mentality））

测量一个人有多大程度的自我安慰精神。

G‐M——宽容性（graciousness vs. meanness）

测量一个人在跟别人相处的时候有多友善，以及气量有多宽宏。

INT——容人度（interpersonal tolerance）

测量一个人在多大程度上能够容忍跟自己不同的人。

S‐S——自我取向（self vs. social orientation）

测量一个人对于团队工作的热诚，以及他是否愿意为了对共同目标做出贡献而放弃个人目标。

V‐S——老实（veraciousness vs. slickness）

测量一个人有多实诚，以及他有多忠于事实。

因子 IV：人际性（interpersonal relatedness）

T‐M——传统性（traditionalism vs. modernity）

测量一个人现代化的程度，以作为他对于社会现代化的回应的一个指标。

REN——人情（relationship orientation）

测量一个人在多大程度上遵从双向互动的传统法规，例如礼节、礼尚往来、维系和利用有用的人际关系等。

SOC——人际敏感性（social sensitivity）

测量一个人对他人的感受有多敏感以及有多强的同情心。

DIS——纪律性（discipline）

测量一个人有多重纪律及严格，而非懂得随机应变、有弹性、或无所顾虑。

HAR——和谐性（harmony）

测量一个人心平气和及知足的程度，以及一个人跟别人的关系。

T‐E——节俭性（thrift vs. extravagance）

测量一个人喜欢储蓄而非花费的倾向，以及一个人花钱时有多小心的程度。

II. 临床量表

因子 I：情感问题

I‐S——自卑（inferiority vs. self‐acceptance）

这量表跟在可靠性因子中的是同一个量表。测量一个人自我否定和自卑的程度。

ANX——焦虑紧张（anxiety）

测量一个人感到恐惧、恐慌，以及表现出强迫症状的倾向。

DEP——抑郁（depression）

测量一个人感到绝望及无助和萌生自杀念头的程度。

PHY——身体症状（physical symptoms）

测量一个人是否周身病痛以及有身心症。

SOM——躯体化（somatization）

测量一个人在多大程度上以身体形式来表现心理问题。

SEM——性适应问题（sexual maladjustment）

测量一个人在多大程度上与异性关系不自在或有困难，对性事紧张或性压抑，以及性失调。

因子 II：行为问题

PAT——病态依赖（pathological dependence）

测量药物的滥用、成瘾行为、赌博习惯、试用毒品、酗酒、烟瘾、毒瘾。

HYP——兴奋性（hypomania）

测量一个人在多大程度上过度活跃、激动、坐立不安、不能自制、和浮夸。

ANT——反社会行为（antisocial behavior）

测量一个人有多倾向于违纪犯法、不守规则、做出破坏性行为和惹上法律麻烦。

NEE——需要关注（need for attention）

测量一个人情绪波动、戏剧化的程度。

DIR——脱离现实（distortion of reality）

测量怪诞经验、妄想、幻觉。

PAR——猜疑（paranoia）

测量一个人在多大程度上有被迫害的妄想，认为凡事与己关联，感到威胁。

III. 效度量表

INF——低频率量表（infrequency scale）

测量一个人的回答方式是否跟大部分人非常不同。

GIM——好印象量表（good impression scale）

测量一个人将自己最美好的一面表现人前的倾向。

RCI——答题一致性（response consistency index）

测量一个人回答问题的准确性和一致性。

附录 5　《中国轮椅冰壶队 2018 年平昌冬残奥会心理手册》目录

前言：未雨绸缪、防患未然

一、设备保障篇

轮椅冰壶比赛需要带哪些常用物品？

杆弯了怎么办？

杆头坏了怎么办？

刷子螺丝松动怎么办？刷子丢失怎么办？

轮椅出现故障怎么办？（包括轮胎爆胎、螺丝脱落等）

轮椅坐垫坏了怎么办？

秒表突然坏了怎么办？

眼镜坏了怎么办？

衣服颜色穿错了怎么办？

衣服商标不符合奥运会标准怎么办？

如何保护好胸牌？

如何准备转换插头？

托运过程中行李丢失怎么办？

二、身体状态篇

突然拉肚子怎么办？

感冒了怎么办？

意外受伤怎么办？

女生来例假怎么办？

三、交通食宿篇

如何倒时差？

需要检查房间哪些问题？

房间钥匙丢了怎么办？

遇到下雨、下雪怎么办？

起床如何把握？

比赛迟到怎么办？

迷路失联怎么办？

饮食不习惯怎么办？

赛前吃得过多怎么办？

比赛中饿了怎么办？

吃饭太拥挤怎么办？

如何避免兴奋剂困扰？

如何保障食品安全？

如何保障饮用水安全？

如何保障药物安全？

四、场地适应篇

如何适应场地纵深和大小？

如何适应场地灯光？

如何适应有观众的场地？

场地过冷怎么办？

场地过热怎么办？

场地过滑或过涩怎么办？

场地不平整，掉线不规律怎么办？

场地掉线过大怎么办？

比赛中壶把松了怎么办？

五、人际关系篇

比赛前和队友出现冲突怎么办？

比赛前和教练出现冲突怎么办？

比赛中和队友出现意见不一致怎么办？

比赛中和教练出现意见不一致怎么办？

比赛中不能执行教练布置的战术意图怎么办？

比赛中，对手有意或无意干扰怎么办？

比赛中，对手有意或无意动壶怎么办？

比赛中，裁判判罚不公怎么办？

比赛中，被裁判警告怎么办？

比赛中，观众非常吵怎么办？

比赛中，遇到观众喝倒彩怎么办？

比赛前，领导来做动员怎么办？

比赛中，领导来赛场加油助威怎么办？

如何屏蔽亲朋好友的无关干扰？

如何应对记者采访？

六、技术战术篇

比赛临近，技术还有短板怎么办？

马上比赛，感觉不在状态怎么办？

赛前怎么热身？

赛前怎么读冰？

赛中如何读冰？

如何适应冰壶？

赛前准备都做哪些工作？

赛中调整都做哪些工作？

赛后总结都做哪些工作？

轮椅冰壶如何分析对手？

顺风球怎么打？

逆风球怎么打？

开局大比分落后怎么办？

开局大比分领先怎么办？

和冰壶强国的比赛怎么打？

和冰壶弱旅国家的比赛怎么打？

连赢几场怎么办？

连输几场怎么办？

每一壶怎么打？

每一局比赛怎么打？

每一场比赛怎么打？

队友关键壶失误怎么办？

自己关键壶失误怎么办？

比赛时指挥的战术不明确怎么办？

比赛期间过度紧张怎么办？

进入比赛状态较慢怎么办？

某场比赛，队友不在状态，发挥不好怎么办？

某场比赛，自己不在状态，发挥不好怎么办？

比赛中和对方出现争执怎么办？

赛场上什么时候叫暂停？

比赛时间紧张怎么办？

关键比赛之前失眠怎么办？

赛中如何休息，如何守神？

不同场地比赛之间如何守神？

两个比赛日之间如何守神？

半决赛怎么打？

决赛怎么打？

什么是轮椅冰壶运动的过程与结果？

替补队员如何恰当定位？

结语：随机应变、相机而动

附录6　中国轮椅冰壶队 2018 年平昌冬残奥会心理手册 V2.0

前言：未雨绸缪、防患未然

比赛方案，也称比赛计划、比赛对策库。作为赛前心理准备的重要内容，是运动员根据比赛前和比赛中可能出现的各种情况，事先设计好相应的应对措施，好让运动员做到心中有数，有备无患。

作为赛前心理准备中最具有可操作性的工作之一，比赛方案的作用主要表现在（丁雪琴，2000）：

（1）有利于全面分析比赛形势和各方面的问题，以便使赛前准备

更充分、细致;

（2）有利于增强运动员的比赛信心，使他们做到心中有底，无论出现什么情况，甚至意外事件，也能沉着冷静地按对策库的提示去处理;

（3）有利于教练员和运动员之间的沟通，在对策库的制订过程中，教练员、运动员和心理老师（科研教练）等多方面共同思考、群策群力想办法，同时让教练员更了解运动员的想法，运动员更理解教练员的意图，这将有助于增强凝聚力;

（4）有助于运动员在比赛时的思维净化和集中注意力。因为赛前该想的都想到了，问题和对策也想好了，临赛时就能放心地把注意力集中在比赛的技术战术操作上了。

可以说，国内外专家学者对比赛方案的价值、作用已经达成共识。他们认为，比赛方案是教练员和运动员根据比赛目标为比赛进程制订的详细计划。制订比赛方案是赛前心理准备的重要内容，也是最具有可操作性的工作。制订比赛方案主要是为了提高运动员应对各种关键时刻和突发情况的能力，做到有备无患，防患于未然。研究者都强调，应针对不同项目比赛前和比赛过程中可能出现的各种问题或情况，制订相应的具体对策，以做好全面而充分的心理准备（张力为，毛志雄，2004）。

实践当中，国内外很多运动项目的奥运队伍，例如国家乒乓球队、国家射击队等，都结合具体项目的特点，制订了完善而具体的比赛方案，心理准备工作越来越多地进入训练和比赛实践一线。

一、设备保障篇

★轮椅冰壶比赛需要带哪些常用物品?

常备物品包括：杆（配套的杆头），刷子，秒表，比赛服（两套），书包，手套，水杯，保暖设施（例如暖宝），补充能量的小食品（例如巧克力、干果）等。

★杆弯了怎么办？

出行前统一检查杆的情况。

打好包装，做好安全防护措施。

队伍集体准备1~2把杆。

★杆头坏了怎么办？

出行前统一检查杆头情况。

每名运动员备用杆头1~2个。

★刷子螺丝松动怎么办？刷子丢失怎么办？

平时养成好习惯，定期检查破损情况。

出发前检查破损情况。

队伍带着1~2把备用的刷子。

如有破损，及时更换，迅速适应并喜欢新刷子。

★轮椅出现故障怎么办（包括轮胎爆胎、螺丝脱落等）？

出发前检查轮椅情况，防患于未然。

奥运现场通常都有维修点，及时更换。

万一不能更换，那就将错就错，摇着破轮椅上场。

没有任何影响是不可能的，将轮椅对技术动作造成的影响降到最低即可。

★轮椅坐垫坏了怎么办？

备用一个坐垫。

一旦坏了，迅速换掉，还得迅速适应新的坐垫。

★秒表突然坏了怎么办?

队伍多准备 2～3 块秒表,以备不时之需。

★眼镜坏了怎么办?

出发前检查眼镜状况。

自带一副备用眼镜。

实在不行,韩国眼镜店配一副眼镜(及时联系翻译等)。

★衣服颜色穿错了怎么办?

专人负责看管衣物。

每场比赛带齐两套衣服。

★衣服商标不符合奥运会标准怎么办?

了解规则要求,提前遮挡。

★如何保护好胸牌?

比赛前做好胸牌检查工作。

比赛中胸牌不离开自己的身体。

比赛后及时收起胸牌,放到书包固定的位置,以免引发慌乱。

★如何准备转换插头?

出国前打听好型号,做好准备,留有备用的转换插头(德标插头,即两圆孔插头)。

自己带接线板,多插孔的那种。

接线板出现故障,大家互相照顾,跟教练员、队友借用。

实在不行,24 小时营业的便利店可以购买。

★托运过程中行李丢失怎么办?

及时联系航空公司,争取尽快追回行李。

留下确切的地址或电话,保持通讯畅通。

向运动管理中心等组织求助，争取组织支持。

做好追不回来的准备，考虑在当地购买。

二、身体状态篇

★突然拉肚子怎么办？

从进入韩国开始，到奥运比赛结束，高标准严要求，不吃生凉食物，不喝生凉饮料。

比赛期间拉肚子，及时告知教练，寻求医疗帮助，采取紧急措施。

★感冒了怎么办？

做好保暖工作，尤其在冷的地方，衣服宁多勿少。

室内空调没必要调得太高，适度即可。

冷热空间交替时，做好衣物穿脱工作。

一旦感冒，及时联系教练用药，不可私自用药。

★意外受伤怎么办？

安全之弦不可松，时时处处都要注意。

要像保护国宝大熊猫一样保护自己。

了解自己的生活习惯，了解自己什么情况下容易受到伤害，采取措施努力避免。

★女生来例假怎么办？

正常的生理周期，无须过分强调，例假期间也可以进行中等强度的体育锻炼。

做好保暖工作，降低疼痛水平。

放松心情，平稳情绪，降低对比赛的影响。

告知队友，赢得理解与支持，有压力大家一起扛。

提前跟教练沟通，严禁私自服药调整，带来不必要的麻烦。

三、交通食宿篇

★如何倒时差？

提前一周，餐饮和训练时间都前移 2 个小时，或者逐步前移，第一周前移 1 个小时，第二周前移 2 个小时。

培养睡眠监控的好习惯——启用蜗牛睡眠。

★需要检查房间哪些问题？

检查电源分布，是否工作正常；

检查热水情况，是否工作正常；

检查空调情况，是否工作正常；

检查热水壶情况，是否工作正常；

检查床铺情况，是否结实安稳；

检查被褥情况，是否干净整洁；

检查地板情况，是否有安全隐患；

把房卡、钥匙放到书包或衣服固定位置，避免引发不必要的慌乱。

★房间钥匙丢了怎么办？

联系服务员，先开门休息。

联系教练员，请教练员出面处理。

★遇到下雨、下雪怎么办？

书包里准备雨衣。

注意：是雨衣，而不是雨伞。轮椅运动员双手摇轮椅，无法使用雨伞！

★起床如何把握？

队伍统一约定起床时间。

可以约定酒店叫早。

可以自定闹铃。

运动员和教练员之间、队友之间相互提醒。

★比赛迟到怎么办？

专人负责盯比赛时间，至少两个人核对。

提前一天核实时间、地点、场馆、赛道等信息。

熟悉交通路线，打出提前量。

大巴车迟到的话，判断走到赛场需要多长时间，随机应变。

关注赛事主办方通知，及时了解赛道变动等情况。

★迷路失联怎么办？

集体行动，避免类似情况发生。

记好随行翻译的电话。

及时向警察求助。

★饮食不习惯怎么办？

提前联系冬奥会队伍，熟悉运动员餐饮结构。

自备干粮，做好应对，例如饼干、巧克力、方便面等。

实在不行，可以自己做饭。

★赛前吃得过多怎么办？

距离试冰或比赛 1 小时以内，切忌吃得过饱，导致昏昏沉沉。

多做热身运动，促进食物消化吸收。

轻拍自己的双颊，让自己兴奋起来。

及时告知队友，让队友提醒自己，给自己加油打气。

★比赛中饿了怎么办？

身上备巧克力、糖果等小食品，及时补充能量。

根据自身情况，适当补水。

★吃饭太拥挤怎么办？

合理安排吃饭时间，尽量提前，也可延后。

实在没办法，那就排队，打饭和占座分开行动。

★如何避免兴奋剂困扰？

了解常用兴奋剂知识，避免误食误用兴奋剂药品、食品、饮品。

吃不准、有疑问的可以询问队友，询问教练员，询问官员，询问懂行的人！

★如何保障食品安全？

不随意吃请，不随意进食。

不接受他人赠送的食物。

★如何保障饮用水安全？

水杯离开视线之后，不再饮用。

不接受他人赠送的饮料。

★如何保障药物安全？

自己熟悉兴奋剂条例。

吃不准的问教练员，问队医。

四、场地适应篇

★如何适应场地纵深和大小？

视线在远近之间迅速调整，从观众席最后一排到第一排，从冰场远端到近端。

★如何适应场地灯光？

戴上帽子，避免强光刺激。

眼睛在灯光强弱位置之间迅速转换，熟悉灯光变化情况。

★如何适应有观众的场地？

除了尽快适应，还是尽快适应。

搜集并播放录像，坐满观众、摇旗呐喊的场景，习惯了就好了。

多关注赛道上发生了什么，少关注赛道外发生了什么。

★场地过冷怎么办？

自备热贴、手套、帽子、厚衣服等保暖物品。

★场地过热怎么办？

北京的冰场确实很冷，俄罗斯人从冰天雪地过来都不适应。

加拿大的冰场或许温暖，不管韩国的冰场温度如何，都得尽快适应。

★场地过滑或过涩怎么办？

所有人都会滑，条件公平，机会均等。

迅速熟悉冰场，把握力量大小、点线结合。

四个人达成一致意见，避免产生分歧。

充分做好准备活动，防止用力过大，导致意外受伤。

★场地不平整，掉线不规律怎么办？

四个人一起读冰，及时总结交流，形成统一认识。

发现新问题，及时告知队友，加强对冰面的理解。

★场地掉线过大怎么办？

多加转。

出手宁大勿小。

大胆放点。

★比赛中壶把松了怎么办？

擦壶时随时检查，及时发现问题。

必要时，技术暂停，节省宝贵时间。

五、人际关系篇

★比赛前和队友出现冲突怎么办？

控制情绪，理解并防止非理性的攻击行为。

考虑国家利益，大局为重。

考虑个人利益，小不忍则乱大谋。

★比赛前和教练员出现冲突怎么办？

控制情绪，理解并防止非理性的攻击行为。

考虑国家利益，大局为重。

考虑个人利益，小不忍则乱大谋。

★比赛中和队友出现意见不一致怎么办？

少数服从多数。

服从指挥。

投壶队员说了算。

★比赛中和教练员出现意见不一致怎么办？

教练员意见仅供参考，场上队员说了算。

★比赛中不能执行教练员布置的战术意图怎么办？

一切从实际出发，实事求是。

努力贯彻执行，最终结果以场上发挥为准。

★比赛中，对手有意或无意干扰怎么办？

不听、不理、不争论，专心投自己的壶。

如果受到影响，向裁判反映情况。

★比赛中，对手有意或无意动壶怎么办？

及时友好地提醒。

控制好情绪，避免影响比赛。

必要时，向裁判反映情况。

★比赛中，裁判判罚不公怎么办？

轮椅冰壶规则明确，裁判能起的作用很小。

真的遭遇不公，先队友之间商量，如果没有影响比赛，大可忽略不计。

如果对比赛影响较大，和教练员沟通。

自带摄像机，做好充电、转录工作，全程记录比赛情况。

如有必要，向裁判长反映，启动起诉机制。

★比赛中，被裁判警告怎么办？

了解每年轮椅冰壶的规则变化。

养成好的训练习惯和比赛习惯。

及时调整，减少任何可能的犯规行为。

★比赛中，观众非常吵怎么办？

确保队友之间沟通流畅，避免误会队友意思。

熟悉队友的手势语言，弥补噪声过大带来的影响。

可以准备耳塞，减少场外噪音对投壶的影响。

★比赛中，遇到观众喝倒彩怎么办？

真的专注比赛，就不会注意到观众。

管该管的，管能管的，观众怎样，咱真管不了。

韩语咱又听不懂，就当观众给自己加油好了。

投好自己手中的壶，观众爱怎样就怎样。

★比赛前，领导来做动员怎么办？

把握明确大的方向：领导支持是个好事，感谢领导的关心！

既不会因为领导慷慨陈词而变得心潮澎湃，也不会因为领导过高要求而变得压力山大。

泰然处之！任风八方吹动，我自岿然不动！

★比赛中，领导来赛场加油助威怎么办？

轮椅冰壶作为潜优势项目，领导不来不正常。

正确认识：运动员、教练员和各级领导都是一根绳子上的蚂蚱，一荣俱荣、一损俱损。

正确认识：领导通常不给运动员直接施加压力，但会通过向教练员施加压力而传递过来。

真的来了，就当他们是普通观众。

★如何屏蔽亲朋好友的无关干扰？

比赛期间，手机关机。

既不因为一场比赛胜利向亲朋好友报喜，也不因为一场比赛失利寻求亲朋好友的安慰。

全身心投入比赛，全身心关爱自己，全身心关心队友，让比赛变得纯粹。

★如何应对记者采访？

把握大的方向：媒体关注是个好事，有助于老百姓了解与热爱冰壶运动，有利于冰壶运动开展，有利于冰壶项目推广，在一定程度上也是为冬奥会做贡献。

对很外行的问题，时间允许，稍加解释；时间不允许，敷衍过去，

"这个问题，不好回答"。

对有挑衅性的问题，尤其是在比赛失利之后，稳定情绪，实事求是。

如有必要，可以考虑委托教练员统一接受采访。

六、技术战术篇

★比赛临近，技术还有短板怎么办？

技术一时半会无法改变，就这样了！

人无完人，扬长避短。

不仅看到短板，也要看到长处！不仅看到劣势，也要看到优势！

★马上比赛，感觉不在状态怎么办？

有可能是情绪、体力周期，也有可能只是不够自信过分担忧。

回想成功经历，让自己自信起来。

在杆上贴一些积极的话语，例如"专注"等。

告知队友，获取鼓励与支持。

★赛前怎么热身？

充分认识到热身活动对训练和比赛的重要性。

提前10分钟到达练习场馆或者比赛场馆。

集体行动，做好上肢、手腕、脖子等重点身体部位的热身活动。

★赛前怎么读冰？

四个人都要了解场地。

注意滑涩度，相对正常的滑涩度：13.5秒。

注意下线，哪边掉线大？哪边直？

有没有一些特殊的点？场地有无坑洼？路线不规律的点？等等。

冰场有脏东西（头发、纸屑、沙粒等），及时清理。

★赛中如何读冰？

冰场滑涩度会受赛道（远离还是靠近过道）、时间（上午、下午、晚上）、观众多少等诸多因素影响，自己投壶和对手投壶时，都掐表记录时间，留意冰面滑涩度的变化。

★如何适应冰壶？

练习时，仔细观察每条赛道的每个冰壶，并将数据详细记录下来。

主要记录下线大小、滑涩程度、壶把粗细等。

比赛前要求志愿者把壶底和壶把清理干净（因为有的队伍会用胶带粘壶）。

★赛前准备都做哪些工作？

了解运动员身体状态和情绪状态。

分析对手情况，包括技战术打法、优缺点等。

确定队伍整场的战术打法。

★赛后总结都做哪些工作？

比赛胜利，多表扬鼓励；比赛失利，多包容接纳，少批评指责

简要点评关键壶、关键分、关键局，总结经验，吸取教训

需要坚持的原则：胜不骄、败不馁，不忘初心，砥砺前行。

★赛中调整都做哪些工作？

考虑队友情况，及时调整。

考虑对手情况，及时调整。

考虑比分情况，及时调整。

有时候还得适当让分，要个后手。

★轮椅冰壶如何分析对手？

了解对方个别运动员的技战术优劣势：顺时针、逆时针，点大还是

点小？击打和进营，优势是什么？短板是什么？

了解对方队伍的作战风格。

了解对方队伍的打法特点。

★顺风球怎么打？

势如破竹，放开打！

绝对不能轻敌！绝对不能放松！

保持注意力高度集中，避免精力分散。

★逆风球怎么打？

锲而不舍，挺着打！

给对方造成压力，绝对不能助长对方气焰，灭掉自家威风！

让这场的对手怕自己，让接下来的对手也要怕自己！

不到比赛结束，永不放弃！

★开局大比分落后怎么办？

顶住，坚持就是胜利！

不要忘记，对方也很紧张！

考虑第几局、先后手、成功率等制定战略战术。

等着对方失误！

不到比赛结束，永不放弃！

★开局大比分领先怎么办？

充满信心，继续扩大优势。

击打为主，让比赛变得简单。

考虑对方可能变阵，做好应对策略。

★和冰壶强国的比赛怎么打？

永不服输，拼着打！

宁可打死，不能吓死！

输了没关系，但是即使输了也要咬对方一口！

赛前充分准备，分析对手优劣势，制定战术打法。

赛中投好每一个壶，抓住过程，不留遗憾。

赛后及时总结，发现差距，明确方向。

★和冰壶弱旅国家的比赛怎么打？

步步为营，稳着打！

小心驶得万年船！

奥运赛场无弱旅，千万不可轻敌！

★连赢几场怎么办？

比赛已经过去，打一场丢一场，场场从零开始。

每一场比赛都是独立的，前边的比赛结果和后边的比赛结果没有必然的因果关系。

★连输几场怎么办？

比赛已经过去，打一场丢一场，场场从零开始。

寻找方法鼓舞士气，"已经这样了，放开打，拼吧！"

★每一壶怎么打？

听清指挥的号令，理解指挥的战术意图。

明确最好的选择、次好的选择，明确失误趋向。

出手前停顿 3~5 秒钟，想象线路，回忆力量，全神贯注。

注意指挥的手势，了解是否上线、点大点小，最终效果如何之后再转身。

如有动作偏差，转身之后寻找原因，为下一壶做准备。

★每一局比赛怎么打？

明确每局比赛的战术意图，是试探、咬住，还是要偷分，还是要后手。

★每一场比赛怎么打？

明确自身每个垒次的技战术优劣势。

了解对手每个垒次的技战术优劣势，知己知彼，百战不殆。

扬长避短，随机应变。

★队友关键壶失误怎么办？

换位思考，谁都不想失误，但是谁都会失误，轮椅冰壶绝对允许失误。

勇于承担责任，缓解队友压力，"没事，还有我呢！"。

转移注意力，关注场上赛况，明确自己的投壶路线。

★自己关键壶失误怎么办？

失误了就失误了，后悔也没用！

迅速转移注意力，关注场上赛况，琢磨下一个壶。

比赛还没结束，只要不握手，就还有机会。

及时调整心态，控制情绪表达，不影响后面队友投壶。

★比赛时指挥的战术不明确怎么办？

其余三个人商量好，达成一致意见后，和指挥进行沟通，供指挥参考。

最终由指挥做决定。

指挥吃不准的，投壶队员做决定。

★比赛期间过度紧张怎么办？

赛场上缓解焦虑最有效的方式：深呼吸。

改变自己的身体姿势：自信的姿势是挺胸、抬头、宽肩、伸长脖子、收下巴。

改变自己的面部表情：冲着自己微笑！

自我暗示法：默念"放松……放松……放松……"。

★进入比赛状态较慢怎么办？

赛前就要找状态，把握自己的身体和心理准备情况。

做好热身活动，先让身体活跃起来。

做小幅度高频率的动作（例如摆臂练习、十指交叉碰撞练习），调动神经系统兴奋性。

听令人兴奋的节奏感强的音乐，调动神经系统兴奋性。

★某场比赛，队友不在状态，发挥不好怎么办？

相互支持，彼此鼓励。

共同承担责任，投好手中的壶，及时补台。

调整战术打法，发挥队友长处，弥补队友短板。

如有必要，采取换人措施。

★某场比赛，自己不在状态，发挥不好怎么办？

迅速调整状态，把注意力集中到比赛上来。

告知队友自己的感受，获取队友的理解和支持。

如有必要，主动要求教练员换人。

★比赛中和对方出现争执怎么办？

技术暂停，提请裁判裁决。

服从裁判判罚。

精力迅速转移到后续比赛中来。

★赛场上什么时候叫暂停？

因为每场比赛只能叫一次暂停，所以要倍加珍惜。

训练时培养好习惯，独立解决问题。

充分利用中场休息时间，跟队友、教练员交换意见。

遇到困难局势，队友之间先内部商量解决，不到万不得已，不叫暂停。

四个队员内部解决不了，不要犹豫，就叫暂停。

★比赛时间紧张怎么办？

专人负责（通常是眼神好的）盯住时间。

尤其防止裁判的计时偏向。

及时提醒队友时间进度。

控制比赛进度，减少浪费时间。

★关键比赛之前失眠怎么办？

入睡之前，保持正常的睡眠规律。

入睡困难，可以选择做放松训练、深呼吸练习、冥想练习等系列练习。

打破失眠和胜负之间虚假的因果关系，失眠与否和比赛胜负并无实质性联系。

失眠之后，减少担心，"已经这样了！"

白天学会守神，保存体力和精力。

★赛中如何休息，如何守神？

减少无关活动，降低体力消耗；

减少无关想法，降低精力消耗；

减少情绪波动，降低精力消耗；

抓住机会休息，恢复体力和精力。

★不同场地比赛之间如何守神？

寻找机会，有时间就休息。

保重身体，注意保暖。

★两个比赛日之间如何守神？

比赛总结结束之后，及时就餐。

及时休息，减少大强度运动。

不关注或少关注比赛成绩等信息，避免受到无关信息干扰。

关闭手机，减少亲朋好友的无关干扰。

★半决赛怎么打？

谁能尽快放松下来，谁就能赢得先机。

"想赢，更不怕输"。

想结果正常，但必须抓住过程，结果才能瓜熟蒂落、水到渠成！

★决赛怎么打？

最差也是亚军，已经创造了历史，放开打吧！

想一想"宝马来了"的故事，抓住过程，才有结果。

★什么是轮椅冰壶运动的过程与结果？

结果，不只是金牌或者奖牌，还有随之而来的奖金，甚至还有名望的提升、社会地位的提高，一旦拿到奖牌，可谓名利双收。

想结果正常，不想它们反而不正常。关键问题在于，如何实现好的结果呢？只能通过落实过程！

在轮椅冰壶运动中，"过程"指的是什么？指的是技术动作！轮椅冰壶的技术动作不仅包括点线结合、力量配合，也包括运动员个体的注意专注、情绪平稳、决策正确，

过 程 与 结 果

更包括运动员群体（包括四个垒次之间、教练员和运动员之间、主力和替补之间）的团队协作、良性沟通、无缝衔接等。

毫无疑问，后边的内容都会通过影响动作，进而影响比赛的过程，最终影响比赛的结果。

★替补队员如何恰当定位？

时刻准备着！

二垒、三垒、四垒，哪个垒次都得能打！

召之即来，来之能战，战之能胜！

结语：随机应变、相机而动

归根结底，心理准备只是准备，奥运赛场瞬息万变，会发生什么，谁都无法预料！

可以说，一切皆有可能！也应了那句话：世上唯一不变的，就是变化！

在这种情况下，面对突发事件，只能兵来将挡水来土掩，随机应变！也就是轮椅冰壶运动员常说的"万金油"！

参考文献

［1］安燕，郑樊慧，王德建，等．运动损伤后的心理反应及其心理康复策略［J］．体育科研，2013，34（1）：54－57.

［2］卜丹冉．以正念接受为基础的心理干预对省级运动员表现提高的影响［D］．武汉：武汉体育学院，2013.

［3］卜丹冉．"正念—接受—觉悟—投入"训练对网球运动员心理干预效果检验的个案研究［J］．湖北体育科技，2015（1）：54－57.

［4］曾海．论运动心理咨询师的角色内涵［J］．西安体育学院学报，2004（S1）：186.

［5］曾海，陈松，马林．运动心理咨询师的角色内涵［J］．体育学刊，2005，12（1）：59－61.

［6］陈静析．浅论心理阴影在运动竞赛中的作用［J］．浙江体育科学，1985（4）：54－58.

［7］程丽平，徐建华．美国运动心理咨询师奥运会心理服务分析［J］．体育文化导刊，2009（11）：70－73.

［8］冯国艳，姒刚彦．花样游泳运动员正念训练干预效果［J］．中国运动医学杂志，2015，34（12）：1159－1167.

[9] 黄翔岳. 第六届全运会运动心理咨询简述 [J]. 体育科学, 1988 (2)：85.

[10] 李四化, 李京诚, 刘淑慧. 射手对枪的正念 [J]. 体育文化导刊, 2015 (8)：82 - 86.

[11] 李伟康. 正念训练对高校乒乓球运动员 "choking" 现象的影响研究 [D]. 济南：山东师范大学, 2015.

[12] 李欣. 运动心理咨询师工作绩效评价研究 [J]. 体育科学, 2010, 30 (7)：16 - 31.

[13] 梁强. 射箭运动员想赢怕输心理分析 [J]. 当代体育科技, 2012 (9)：13 - 14.

[14] 刘海楠. "接受" 与 "改变" ——两种不同理念指导下的青少年运动员心理韧性干预研究 [D]. 武汉：武汉体育学院, 2012.

[15] 刘淑慧, 徐守森. 正念训练对射击运动心理训练的启示 [J]. 首都体育学院学报, 2013, 25 (5)：455 - 458.

[16] 刘兴华, 梁耀坚, 段桂芹, 等. 心智觉知认知疗法：从禅修到心理治疗的发展 [J]. 中国临床心理学杂志, 2008, 16 (3)：334 - 336.

[17] 吕尧军. 正念训练的心理效应对大学生飞镖运动表现的影响 [D]. 武汉：武汉体育学院, 2015.

[18] 年维泗. 从想赢怕输说起 [J]. 中国体育科技, 1985 (14)：8 - 10.

[19] 潘德运, 傅旭波, 吴明证. 比赛隐喻、目标取向与大学生运动员反社会行为的关系 [J]. 应用心理学, 2015 (3)：249 - 256.

[20] 姒刚彦, 张鸽子, 苏宁, 等. 运动员正念训练手册 [M]. 北

京：北京体育大学出版社，2014.

[21] 姒刚彦，张鸽子，苏宁，等．中国运动员正念训练方案的思想来源及内容设计 [J]．中国运动医学杂志，2014，33 (1)：58 – 63.

[22] 田盈雪，李洁玲，田宝．运动创伤后应激障碍及其干预 [J]．中国康复理论与实践，2012 (10)：944 – 947.

[23] 王淑娟，张婍，祝卓宏．关系框架理论：接纳与承诺治疗的理论基础（述评）[J]．中国心理卫生杂志，2012，26 (11)：877 – 880.

[24] 徐守森，刘淑慧．射击运动正念训练层级递进结构研究 [J]．体育文化导刊，2014 (5)：76 – 79.

[25] 杨舒，张忠秋．正念认知干预训练对高水平运动员压力应对相关心理指标的影响 [J]．中国运动医学杂志，2014，33 (3)：214 – 223.

[26] 姚家新．加拿大运动心理咨询综述 [J]．武汉体育学院学报，1988 (6)：92 – 94.

[27] 佚名．欧洲应用运动心理学家高峰论坛暨第二期中国运动心理咨询师培训班在天津体育学院举行 [J]．天津体育学院学报，2008 (3)：180.

[28] 殷元梅．正念训练与射击运动员的流畅状态 [D]．武汉：武汉体育学院，2015.

[29] 张红梅，杨晶伟．运动心理咨询师职业要素浅析 [J]．山东体育科技，2007，29 (3)：55 – 57.

[30] 张军．整合运动心理咨询的理论和实践研究 [J]．体育成人教育学刊，2007，23 (5)：17 – 19.

[31] 张力为, 毛志雄. 运动心理学 [M]. 上海: 华东师范大学出版社, 2004.

[32] 张连成, 李四化, 刘羽. 运动性心理疲劳的理论研究进展述评 [J]. 体育学刊, 2014 (1): 98 – 103.

[33] 张连成, 张力为, 刘嘉蕙, 等. 运动员心理疲劳与运动动机之间的关系 [J]. 北京体育大学学报, 2010, 33 (11): 74 – 76.

[34] 张凌. 我国运动心理咨询师胜任特征模型的研究 [D]. 武汉: 华中师范大学, 2007.

[35] 张婍, 王淑娟, 祝卓宏. 接纳与承诺疗法的心理病理模型和治疗模式 [J]. 中国心理卫生杂志, 2012, 26 (5): 377 – 381.

[36] 赵大亮, 张鸽子. 正念—接受—承诺训练方式缓解武术运动员 Choking 的研究 [J]. 中国运动医学杂志, 2013, 32 (9): 811 – 817.

[37] 钟伯光, 姒刚彦, 张春青. 正念训练在运动竞技领域应用述评 [J]. 中国运动医学杂志, 2013, 32 (1): 65 – 74.

[38] AHERNE C, MORAN A P, LONSDALE C. The Effect of Mindfulness Training on Athletes' Flow: An Initial Investigation. [J]. Sport Psychologist, 2011, 25 (2): 177 – 189.

[39] BERNIER M, THIENOT E, CODRON R, et al. Mindfulness and Acceptance Approaches in Sport Performance [J]. Journal of clinical sport psychology, 2009, 3 (4): 320 – 333.

[40] DAVID D. Some Concerns About the Psychological Implications of Mindfulness: A Critical Analysis [J]. Journal of Rational – Emotive & Cognitive – Behavior Therapy, 2014, 32: 313 – 324.

[41] De PETRILLO L A. Mindfulness for long – distance runners: An open trial using Mindful Sport Performance Enhancement (MSPE) [J]. Journal of clinical sport psychology, 2009, 3 (4): 357 – 376.

[42] GARCIA R F, VILLA R S, CEPEDA N T, et al. Effecto de la hypnosis y la terapia de aceptcion y compromise (ACT) en la mejora de la fuerza fisica en piraguistas [J]. International Journal of Clinical and Health Psychology, 2004 (4): 481 – 493.

[43] GARDNER F L, MOORE Z E. A mindfulness – acceptance – commitment – based approach to athletic performance enhancement: Theoretical considerations [J]. Behavior Therapy, 2004, 35 (4): 707 – 723.

[44] GARDNER F L, MOORE Z E. Clinical Sport Psychology [M]. Champaign: Human Kinetics, 2006.

[45] GARDNER F L, MOORE Z E. Mindfulness and acceptance models in sport psychology: A decade of basic and applied scientific advancements, [J]. Canadian Psychology/Psychologie canadienne, 2012, 53 (4): 309 – 318.

[46] GARDNER F L, MOORE Z E. Contextual Anger Regulation Therapy: A Mindfulness and Acceptance – Based Approach [M]. New York: Routledge, 2013.

[47] GARDNER F L, MOORE Z E, MARKS D R. Rectifying Misconceptions: A Comprehensive Response to "Some Concerns About the Psychological Implications of Mindfulness: A Critical Analysis" [J]. Journal of Rational – Emotive & Cognitive – Behavior Therapy, 2014, 32: 325 – 344.

[48] HACK B. Qualifications: Education and experience [M]. The

sport psychology handbook, MURPHY S, Champaign, IL: Human Kinetics, 2005.

[49] HARRIS R. ACT made simple [M]. Oakland, CA: New Harbinger, 2009.

[50] HASKER S M. Evaluation Of The Mindfulness – Acceptance – Commitment (Mac) Approach For Enhancing Athletic Performance [D]. Pennsylvania: Indiana University of Pennsylvania, 2010.

[51] HAYES S C, STROSAHL K D, WILSON K G. Acceptance and Commitment Therapy: The Process and Practice of Mindful Change [M]. United States: Guilford Publications, 2011.

[52] HAYES S C, WILSON K G, STROSAHL K, et al. Experiential Avoidance and Behavioral Disorders: A Functional Dimensional Approach to Diagnosis and Treatment [J]. Journal of Consulting and Clinical Psychology, 1996, 64 (6): 1152 – 1168.

[53] Hill K. L. 运动心理咨询理论 [M]. 张忠秋, 译. 北京: 中国轻工业出版社, 2005.

[54] KABAT – ZINN J. Full Catastrophe Living: Using the Wisdom of Your Body and Mind to Face Stress, Pain, and Illness [M]. New York: Bantam Dell, 1990.

[55] KABAT – ZINN J. Wherever You Go, There You Are: Mindfulness Meditation In Everyday Life [M]. New York: Hyperion, 1994.

[56] KATZ A M, CZECH S J, ORSILLO S M. Putting Values into Words: An Examination of the Text Characteristics of Values Articulation [J]. Journal of Contextual Behavioral Science, 2014, 3 (1): 16 – 20.

［57］KAUFMAN K A, GLASS C R. Mindful Sport Performance Enhancement: A treatment manual for archers and golfers ［Z］. Washington, DC: 2006.

［58］KAUFMAN K A, GLASS C R, ARNKOFF D B. Evaluation of Mindful Sport Performance Enhancement (MSPE): A new approach to promote flow in athletes ［J］. Journal of clinical sport psychology, 2009, 3 (4): 334 – 356.

［59］KAUFMAN K A, GLASS C R, PINEAU T R. Mindful Sport Performance Enhancement (MSPE): Development and Applications ［M］ // BALTZELL A L. Mindfulness and Performance: Current Perspectives in Social and Behavioral Sciences. Cambridge: Cambridge University Press, 2016: 153 – 182.

［60］LINEHAN M M. Cognitive behavioral treatment of borderline personality disorder ［M］. New York: Guilford Press, 1993.

［61］LUOMA J B, HAYES S C, WALSER R D. Learning ACT: An acceptance & commitment therapy skills – training manual for therapists ［M］. United States: New Harbinger Publications, 2007.

［62］LUTKENHOUSE J M. The Case of Jenny: A Freshman Collegiate Athlete Experiencing Performance Dysfunction ［J］. Journal of Clinical Sport Pshchology, 2007 (1): 166 – 180.

［63］LUTKENHOUSE J M, GARDNER F L, MOORE Z E. A Randomized Controlled Trial Comparing the Performance Enhancement Effects of Mindfulness – Acceptance – Commitment (MAC) Performance Enhancement and Psychological Skills Training Procedures ［Z］. 2007.

[64] MOORE Z E. Theoretical and Empirical Developments of the Mindfulness – Acceptance – Commitment (MAC) Approach to Performance Enhancement [J]. Journal of clinical sport psychology, 2009, 3 (4): 291 – 302.

[65] MUMFORD G. The Mindful Athlete: Secrets to Pure Performance [M]. United States: Parallax Press, 2015.

[66] PINEAU T R. Effects of Mindful Sport Performance Enhancement (MSPE) on running performance and body image: Does self – compassion make a difference? [D]. Washington DC: Catholic University of America, 2014.

[67] PINEAU T R, GLASS C R, KAUFMAN K A. Mindfulness in Sport Performance [M] //A. IE C N, LANGER E Handbook of mindfulness. Oxford: WileyBlackwell, 2014.

[68] SCHWANHAUSSER L. Application of the Mindfulness – Acceptance – Commitment (MAC) Protocol With an Adolescent Springboard Diver [J]. Journal of clinical sport psychology, 2009, 3 (4): 377 – 395.

[69] SEGAL Z V, WILLIAMS J M G, TEASDALE J D. Mindfulness – based cognitive therapy for depression [M]. United States: Guilford Press, 2012.

[70] STAPLETON A B, HANKES D M, HAYS K F, et al. Ethical dilemmas in sport psychology: A dialogue on the unique aspects impacting practice. [J]. Professional Psychology Research & Practice, 2010, 41 (2): 143 – 152.

[71] THOMPSON R W, KAUFMAN K A, De PETRILLO L A, et

al. One year follow – up of Mindful Sport Performance Enhancement (MSPE) with archers, golfers, and runners [J]. Journal of Clinical Sport Psychology, 2011, 5 (5): 99 – 116.

[72] WEINBERG R S, GOULD D. Foundations of Sport and Exercise Psychology, 6E [M]. United States: Human Kinetics, 2014.

[73] WILLIAMS J M G, TEASDALE J D, SEGAL Z V, et al. Mindfulness – based cognitive therapy reduces overgeneral autobiographical memory in formerly depressed patients. [J]. The Journal of Abnormal Psychology, 2000, 109 (1): 150 – 155.

[74] WOLANIN A T. Mindfulness – Acceptance – Commitment (MAC) Based Performance Enhancement for Division I Collegiate Athletes: A Preliminary Investigation [J]. Dissertation Abstracts International – B, 2005 (65): 3735 – 3794.

致　谢

　　竞技体育成绩的取得，需要天时地利人和。中国轮椅冰壶队备战平昌冬残奥会心理服务工作能够顺利完成，得益于很多方面的支持与帮助，借此机会一并表示感谢。

　　感谢中国残疾人体育运动管理中心的各位领导，尤其是体育运动管理中心董学模副主任、科技信息处黄莹副处长和陈丽女士，感谢各位领导对我们团队的信任，这份信任让我们有机会和轮椅冰壶项目结缘，让我们和2018年平昌冬残奥会以及2022年北京冬残奥会挂起钩来。

　　感谢开题报告和结题报告的评审专家。开题报告的几位评审专家分别是北京市体育局原副局长、北京市体育科学研究所原所长冯美云教授，北京师范大学体育运动学院院长殷恒婵教授，国家体育总局体育科学研究所王向东研究员。在开题报告会上，几位专家给出了很多指导意见，尤其是殷恒婵教授，作为体育运动心理学界的前辈，就如何更好地开展心理下队服务工作，给出了很多真知灼见。没有几位专家的信任，也就没有我们这次机会。课题结题的几位评审专家，除了冯美云教授和张向东研究员之外，心理学界的同行换成了北京体育大学心理学院的迟立忠教授，感谢几位专家对我们工作的认可。

感谢单位各方面领导的大力支持。如果不是因为科研处处长吴昊教授在学校研究生导师群里发布《课题申报指南公告》，我们确实很难关注到这个领域。如果不是因为运动科学与健康学院院长李京诚教授一如既往地大力支持，我们很难有机会真正独立地承担课题，并在队伍里放开手脚开展工作。感谢我所在的心理学与教育学教研室李四化主任提供的设备支持和后勤保障，让我们在前方战斗没有后顾之忧。感谢体育教育与训练学院体能教研室周龙峰副教授在课题申请初期提供信息、穿针引线，他在健全人冰壶队多年的体能训练工作经验为我们开展工作奠定了基础。

感谢心理学界和运动心理学界专家、前辈、同行的帮助。在心理测量过程中，用到了"跨文化（中国人）人格测评工具（第2版）"，得到中国科学院心理研究所张建新研究员和周明洁博士的大力支持；用到了"运动中群体凝聚力问卷"，得到了华中师范大学体育学院王斌教授和华中师范大学管理学院马红宇教授的大力支持。在下队服务期间，曾经就如何增加训练的心理负荷问题求教于首都体育学院的刘淑慧先生，曾经就团队建设问题求教于香港体育学院姒刚彦教授，曾经就棘手的心理咨询个案求教于中国科学院心理研究所祝卓宏教授。没有各位前辈保驾护航，我们不会那么顺顺当当。

此外还要感谢中体奥冰壶运动中心的杨晖总经理、周民鑫教练（大周教）、周文军教练（小周教）和钟清教练。杨总美丽大方、安静娴雅的背后有强大的信仰支撑。三位教练员勤勤恳恳，几乎每天都要制冰，有时候甚至一天三次，着实辛苦。还有笑笑姐（张玉美女士），勤勤恳恳地照顾一日三餐，把山东女人的淳朴与善良体现得淋漓尽致。

感谢我们这个小团队，一帮亲爱的研究生们，奋战在前方的2015

级的刘海虹（时值研三）、2016 级的赵纪龙（研二）和 2017 级的李佳新（研一），坚守在后方的 2015 级的樊雯（研三）和 2017 级的左琪（研一）。他们放弃了寒假休息时间，辛苦地跟我一起驻队，其间帮忙搜集资料、打印问卷、录音录像、拍摄照片等，做了大量细致琐碎的工作。赵纪龙更是陪伴我在队里一起包饺子、过春节，度过了一段难忘的时光。做服务性质的奥运课题非常锻炼队伍，尤其是作为运动心理学方向的研究生，做了两三个月的工作，研究生们肯定很有收获。

　　最应该感谢的是中国轮椅冰壶集训队的教练员和运动员。教练组的三位成员，岳清爽教练大赛经验丰富，本来已经功成名就，带队轮椅冰壶之后，又把残疾人冰壶事业推向了新的高度。李建锐教练抛家舍业，十一年磨一剑，我特别能理解队伍进决赛、赢得冠军之后李教练发自内心的呐喊和喷涌而出的泪水。茹霞教练，明明可以靠颜值吃饭，却偏偏要拼智慧，她非常理性，我最怕她问的问题是："徐老师，你感觉现在队伍怎么样？"后来我发现，她其实心里早就有答案了。

　　感谢可敬可亲可爱的轮椅冰壶运动员，无论是进入比赛大名单的一垒王蒙（大蒙姐）、二垒刘微（微哥）、三垒陈建新、四垒王海涛、替补张强，还是没有进入最终大名单的闫卓、于新越（小胖）、张明亮、贺军、孙玉龙（小龙）、徐广芹、李娜娜、黎智生（阿生），甚至没有国际分级的张曈、赵芳（芳姐）、徐新臣（包子）、邵升平（老邵）、黄楚辉（阿辉）、黄成成，以及北京队的两位"超级替补"——刘洋、黄从立（老黄）。人生如戏，竞技体育就像一个舞台，我们都是演员。有缘认识你们，我很自豪。

徐守森

2018 年 10 月 7 日，国庆节

于北京师范大学家中